光文社古典新訳文庫

パイドン——魂について

プラトン

納富信留訳

kobunsha classics

光文社

Title : ΦΑΙΔΩΝ

B. C. 4c.

Author : ΠΛΑΤΩΝ

凡例

プラトン（Πλάτων）著『パイドン』（Φαίδων）の翻訳にあたり、底本として、J. C. G. Strachan 校訂のオクスフォード古典叢書新版（*Platonis Opera I*, Oxford Classical Texts、一九九五年）を、John Burnet 校訂の旧版（*Platonis Opera I*, Oxford Classical Texts、一九〇〇年）と併せて用いた。

本文下部に付した数字とアルファベットは、ステファヌス版プラトン全集（一五七八年刊、第一巻）のページ数と段落であり、一般にプラトンのテクスト箇所に言及するために用いられる。章分けはJ・F・フィッシャー版（一七七〇年）以来の伝統に従う。

ギリシア語のカタカナ表記にあたっては、原則として、人名、地名では長音記号を省き、普通名詞は原音を尊重した。ｐｈ音は「ファ、フィ、フ、フェ、フォ」を優先した。ただし、厳密な統一は図らず、多くは慣例に従っている。

内容理解に必要な事項は「側注」で説明し、一部は「補注」に回す。議論構成は「解説」で論じる。

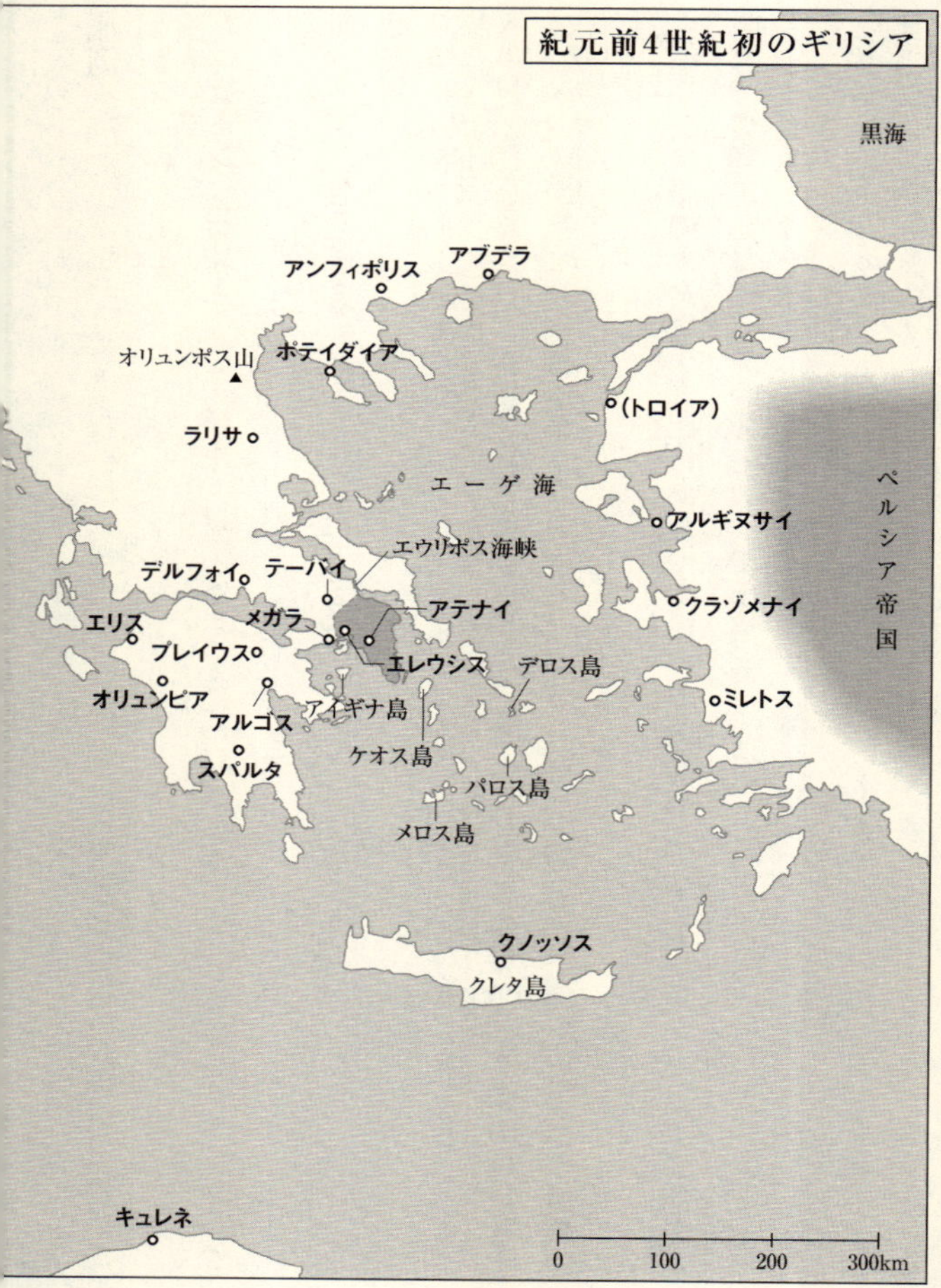

紀元前4世紀初のギリシア

アドリア海
タラス
エレア
ティレニア海
トゥリオイ
クロトン
エトナ山
イオニア海
シチリア島
レオンティノイ
アクラガス
シラクサ
北海
大西洋
地中海
地中海

目次

訳者まえがき

　ペルシア戦争の傷跡から立ちなおりつつある前四六九年のアテナイで、ソクラテスは生を享《う》けた。ペリクレスが指導する民主政の全盛期に、内外の知識人たちと丁々発止の議論を展開し、多くの若者を魅惑した彼は、時代を代表する哲学者となった。全ギリシアを巻き込んだペロポネソス戦争がアテナイの敗北に終わり、直後の混乱で成立した寡頭政権が倒れて民主政が復活した前四〇三年から、さらに四年後の前三九九年二月、ソクラテスは突然裁判にかけられた。アニュトス、メレトス、リュコンの三名が以下の告発を提出したのである。

「ソクラテスは、ポリスの信ずる神々を信ぜず、別の新奇な神霊《ダイモニア》のようなものを導入することのゆえに、不正を犯している。また、若者を堕落させることのゆえに、不正を犯している。」

不敬神という重大な罪状で訴えられた七〇歳のソクラテスは、五〇一人（あるいは五〇〇人）の裁判員の前で弁明の演説を行なった。第一回の評決では僅差で有罪、刑罰をめぐる第二回の評決では大差で死刑が決定する（プラトン『ソクラテスの弁明』はその設定での創作である）。

だが、通常は即日執行される刑罰は、ある「偶運」によって延期され、ソクラテスは一月《ひとつき》ほど牢獄で過ごすことになる。仲間たちと対話を交わして過ごすうち（『クリトン』はその最終段階を設定とする対話篇である）、ついに処刑の日が訪れる。

ソクラテスの死という一報はギリシア各地にもたらされたが、仔細が伝えられるのはしばらく後のこととなる。ピュタゴラス派の哲学者たちが集うプレイウスを訪れた弟子のパイドンも、その役割を果たしていく。

プラトンが前四世紀前半にアカデメイアで執筆した対話篇『パイドン』は、この舞台設定で、ソクラテスの最期の一日に交わされる言論を紡ぐ。

パイドンが語るソクラテスの対話を、現代の私たちはどう読んでいくのか。

対話の設定

主な登場人物

パイドン　エリス出身の若者で、戦争捕虜としてアテナイに連れてこられ男娼をさせられていたところ、ソクラテスとクリトン（一説によればアルキビアデス）に救われ、その後ソクラテスの熱心な弟子となる。

エケクラテス　イタリアを追放されプレイウスを拠点にしていたピュタゴラス派の一員で、ピュタゴラス派最後の世代に属する。

クサンティッペ　ソクラテスの妻で、幼い子をふくめて三人の息子がいる。「悪妻」伝説もあるが、本篇ではソクラテスの最期を嘆く家族として描かれる。

ソクラテス　アテナイ・アロペケ区出身の哲学者。前三九九年に突然「不敬神」の罪状で訴えられて裁判にかけられ、一度の評決により死刑となる（プラトン『ソクラテスの弁明』参照）。アテナイのアゴラ近くにある牢獄に勾留されていた。

クリトン　アロペケ区出身でソクラテスの幼馴染《おさななじみ》。裕福な家の出で、ソクラテスをなにかと援助している。

シミアス　アテナイ北方の有力ポリス・テーバイからやってきている若者で、言論好き。この対話でソクラテスの議論相手となる。

ケベス　テーバイ出身の若者で、シミアスと共にソクラテスの最期の一日の対話相手となる。

語りの時　前三九九年春に行なわれたソクラテス裁判、その一ヶ月後に執行された死刑から、さらに数ヶ月後の出来事。

語りの場　プレイウスは、ペロポネソス半島北東の内陸にある小ポリスで、ピュタゴラス派の拠点。「解説：対話の設定」を参照。

パイドン——魂について

序幕　パイドンとエケクラテスの対話

一

57A エケクラテス　あなたご自身が、[1]パイドンさん、ソクラテスの傍《そば》におられたのですか。牢獄で毒薬[2]を飲まれたあの日に。それとも、だれかほかの方からお聞きになったのでしょうか。

パイドン　私自身がおりました。エケクラテスさん。

エケクラテス　それでは、あの方が死を前にして語られたのは、どんなことだったのでしょう。そして、どのように最期を迎えられたのでしょう。お聞きできれば嬉しいです。そう申しますのは、実際、プレイウスの市民はだれも、今ではほとんどアテナイに赴《おもむ》いておりませんし、[3]私たちにこのことでなにかはっきりした情報を伝
B えてくれる外国人も、しばらくの間どなたもアテナイからいらしていないからです。[4]

ソクラテスが毒薬を飲んで亡くなった、ということを除いて。それ以外のことを語れる人はいなかったのです。

パイドン　では、あの裁判が、どんな風に起こったのかもご存知ないのですね。

エケクラテス　いえ、そのことは、私たちに報告してくれた人がいました。裁判はずっと以前に行なわれたのに、ソクラテスが亡くなられたのが明らかに随分後になってからでしたので、私たちは不思議に思っていました。それは何故だったので

1　対話篇最初の一語、「自身・自体 autos」は、パイドンが自分自身でソクラテス最期の場面にいたことの確認であり、同時に、対話篇が「自分自身＝魂」と「それ自体＝イデア」を主題にすることを示している。

2　「毒ニンジン」と呼ばれる植物から作る毒薬であろうが、本篇では「薬 pharmakon」（毒薬／医薬）と呼ばれている。生という病から解放する薬という意味も込められているのかもしれない。

3　ペロポネソス戦争中は、スパルタ側についたプレイウス人はアテナイに遠征し、近くに駐屯していた。前四〇四年に戦争が終結したことにより、往来は途切れていた。

4　パイドンの報告がソクラテスの刑死からどれくらい後になされたかは明言されない。かなりの時間が経っているという設定で、訳者は数ヶ月後と推定している。

58A

しょう。パイドンさん。 (58)

パイドン　或る偶運が、エケクラテスさん、あの方に巡ってきたのです。ちょうど裁
判の前日に、アテナイ人がデロス島[6]に送る船の船尾に、祭儀の飾りが付けられたの
です。

エケクラテス　それは何の船でしょう。

パイドン　その船とは、アテナイの人々が言いますには、テセウスがかつてそれに
乗って、あの有名な『七組の男女』を連れてクレタ島に赴き、彼らを救い、自身も
救われた、あの船なのです[7]。言い伝えによれば、アテナイ人たちはその折に、アポ B
ロンの神に、もし彼らが救われたなら、デロス島に毎年使節をお送りすると誓った
のです。その使節を、その時から今もなおずっと、年ごとに神に遣わしているの
です。

使節の派遣が始まると、その期間はポリスを清浄に保ち、公的には何人《なんぴと》も殺して
はならぬという法が、アテナイ人にはあります。船がデロス島に到着して、再びそ
の地アテナイに戻ってくるまでの間です。ですが、時折、途上で風が彼らの航海を
妨げると、長い時間かかることがあります。使節が開始されるのは、アポロンの神 C

官があの船の船尾に飾りを付ける時なのですが、申しましたように、これが偶々《たまたま》裁判の前日だったのです。そのために、裁判と死刑の間、ソクラテスは長い時間を牢獄で過ごすことになりました。

二

エケクラテス　では、どうだったのでしょう、死それ自体については。パイドンさん。そこで語られたこと、為されたことは、何でしたか。親しい人々の中で、あの方の傍にいらしたのは誰でしょう。それとも、役人たちは傍にいることを許そうとせず、友人たちがいないなかで最期を迎えられたのでしょうか。

パイドン　けっしてそんなことはありません。お傍に人はおりました。いや、けっこ D
う大勢でした。

5　クセノフォン『ソクラテスの想い出』第四巻第八章二によれば、三〇日後。

6　エーゲ海中部キュクラデス諸島に位置する小島で、アポロン神が生まれた聖地とされる。アポロンはゼウスとレトの子で、予言や学芸や医学を司るオリュンポスの男神。

7　「テセウスの船」については【補注一】参照。

エケクラテス そういったことすべてを、私たちに、できるだけ明瞭に報告していただけませんか。もしお急ぎで余裕がないのでなければ。[8]

パイドン いや、余裕はありますので、皆さんに詳しくお話ししましょう。実際、ソクラテスのことを想い出すのは、私自身が語るにしても、ほかの人から聞くにしても、いつも私にはこの上もない喜びなのですから。[9]

エケクラテス いや本当に、パイドンさん、そのように聞きたい者がほかにもたくさんおります。どうぞ、できるだけ正確に、すべてのことを詳しくお話し下さい。

パイドン さて、私は、お傍にいて驚くべき感情を経験しました。親しい人の死に居合わせたのに、私に憐れみの感情はやってきませんでした。あの方は実際、幸せであるように思われたのです、エケクラテスさん。その態度でも言論でも、なんと恐れることなく、気高《けだか》く死を迎えられたことでしょう。そのため私には、あの方が冥《めい》府《ふ》に行かれるにしても神のご加護なしに行かれることはなく、[10]彼《か》の地に到ったら幸せになるだろう、と思われたのです。かつてだれかそんな人がいたらの話ですが。そのため、私には憐れみはほとんどやってこなかったのです。悲しみの傍にいる私にとって、もっともだと思われるような憐れみがです。その一方で、私たちが慣れ親しんでいるような、知を愛し求める哲学の営み[11]に従事している時の快さもありませんでした——実際、そこでの言論はそんな哲学の議論だったのです——。いや、そうではなく、まったく奇妙な感情が私に生じていました。快さと苦しさが一緒に混じりあった、なにか馴染みのない、ない交ぜの状態です。あの方がすぐにも亡くなられると心に想うにつけて。

私たちお傍にいた者も、皆そんな情態でした。或る時には笑い、時には涙を流していました。そのうちの一人は、とりわけそうでした。アポロドロスです[12]。あなた

8 「余裕、暇（スコレー）scholē」は、哲学を遂行する人間の条件である。「学校 school」の語源。『パイドロス』二五八E、『テアイテトス』一七二D、一七五E参照。パイドンはプレイウスに立ち寄っただけで、どこか（おそらく故郷のエリス）に赴く途上であった。

9 ソクラテスを記憶することは「ソクラテス文学」の基本をなす。クセノフォン『ソクラテスの想い出』第四巻第一章一の言葉と比べよ。

10 ギリシア人の死生観で「冥府（ハーデース）」は地下にあり、死後の魂が赴き留まるところとされた。ゼウスの兄ハーデース（別名プルトン）が妻ペルセポネと共に治める。

11 「知を愛し求める営み（フィロソフィアー）philosophia」はピュタゴラス派に由来する語で「哲学」のこと。「愛知者 philosophos」は「知者 sophos」から区別される。

B (59) 方も、あの男の人となりや振る舞いをきっとご存知ですね。

エケクラテス　ええ、無論知っております。

パイドン　彼は、完全にそんな有り様でした。私自身も心がかき乱されており、他の者も同様でした。

エケクラテス　パイドンさん、誰がお傍に来ていたのでしょうか。

パイドン　当地アテナイの者としては、そのアポロドロスが傍にいましたが、それに加えてクリトブロスと彼の父親、[13]さらにヘルモゲネスとエピゲネスとアイスキネスとアンティステネスがおりました。また、パイアニア区の人クテシッポスやメネクセノス、ほかにもその地の者がおりました。[14]プラトンは、病気だったと思います。[15]

C **エケクラテス**　外国の方々は、おられましたか。

パイドン　はい。テーバイ人のシミアスとケベスとパイドンデスがおり、[16]メガラからはエウクレイデスとテルプシオンが来ていました。[17]

エケクラテス　どうでしょう。アリスティッポスとクレオンブロトスは来ていたのですか。

パイドン　いいえ、確かにいませんでした。彼らはアイギナ島にいると言われていました。[18]

エケクラテス　ほかには、だれかいましたか。

パイドン　思いますに、そこに居たのは大体これらの人々です。[19]

エケクラテス　ではどうでしょう。どんな言論が交わされたと、おっしゃるのでしょう。

12　アポロドロスはプラトン『饗宴』で報告者を務めたソクラテスの弟子。これから言及される友人たちは、おそらく実際の参集者リストであろうが、その何人かはプラトン対話篇でも活躍している。アイスキネスはプラトンやクセノフォンと並ぶ「ソクラテス対話篇」の作者として有名になる。

13　ソクラテスの旧友クリトン。

14　ヘルモゲネスは『クラテュロス』、クテシッポスは『エウテュデモス』、メネクセノスは『メネクセノス』の対話者で、後の二人は『リュシス』にも登場する。

15　プラトンの不在を示唆するこの発言は、この対話全体を位置づける著者の意図による（解説参照）。

16　テーバイ出身の三名のうち、シミアスとケベスはソクラテス派の有力な弟子としてディオゲネス・ラエルティオス『哲学者列伝』第二巻第一五－一六章で紹介されている。

17　この二人は『テアイテトス』の語り手となっている。

第一部　浄化の道

一、対話の導入

三

パイドン　私からあなたに、初めから詳しくお話しするように努めましょう。

D　その日以前にも毎日、私も仲間たちも、ソクラテスの元を訪ねるのが習慣でした。実際、あの裁判が行なわれた日にも、朝から裁判所に集まっていました。そこは牢獄の近所だったからです。[20]

さて、私たちはその都度、互いに話をしながら時を過ごして、牢獄の門が開くまで周りで待っていました。そこは朝早くには開かなかったからです。開門するといつも、私たちはソクラテスの傍に行き、あの方と一緒に日がな一日を過ごすことにしていま

(59)

した。

とりわけあの日私たちは、いつもより早く集まっていました。それは、前日の夕方
E 牢獄を出てきた折に、デロス島から船が到着したと聞いたからです。[21] それで、私たち
は互いに、いつものところへできるだけ早くやってくるようにと申し合わせていまし
た。到着すると、いつも応対してくれる門番が私たちのところに出てきて、そこで
待っていて彼が命じるまでは中に入ってこないように、と言いました。

---

18 アテナイから至近のアイギナ島から駆けつけなかったことには非難のニュアンスも込められる。古代の修辞学書、擬デメトリオス『文体論』二八八では、この箇所が二人の贅沢を批判する意図で書かれた「相応しさ」の例とされる。ヘレニズム時代の学匠詩人カリマコスは、クレオンブロトスが本対話篇を読んで自殺したという警句を作っている（『エピグラム』二三）。

19 参加者のリストについては、【補注二】参照。

20 アテナイの裁判所がどこにあったかは不明であるが、ソクラテスが勾留された牢獄跡は、現在アゴラ遺跡のはずれに位置づけられている。

21 『クリトン』は死刑前日の早朝を舞台にした対話である。船が帰還して祭祀が終わった翌日に、刑が執行される。

「十一人の役人が[22]、ソクラテスの縛めを解いており、今日この日に死を迎えるよう (59)
にと申し渡しているのだ」と言いました。
　私たちが留め置かれたのはそれほど長くない時間で、そうして私たちは中に入るよ
うに命じられたのです。
　さて、中に入ると、ソクラテスがちょうど縛めを解かれた状態でいるのを目にしま 60A
した。また、クサンティッペが――あなたもご存知でしょう――ソクラテスの子供を
抱いていて、隣に座っているのが見えました[23]。そして、クサンティッペが私たちを見
ると、祈りの詞《ことば》を叫び、女たちがいつも言うようなことを言ったのです。
「ああソクラテス、このお友達たちがあなたに話しかけるのも、あなたがこの人た
ちに話しかけるのも、これが最後なのね。」
　するとソクラテスは、クリトンの方を見て、「クリトンよ、だれかにこの女《ひと》を家へ
と送り届けさせてくれないか」と言いました。それで、クリトンの家の者が、叫びな
がら胸を打ち悲しんでいる夫人を連れて行きました。
　ソクラテスは寝台に起き上がって座り、足を曲げて手で擦りました。擦りながら、 B
こう言ったのです。

「何とも奇妙に見えることか、皆さん、人間が快いと呼んでいるものは[24]。それは反対だと思われているもの、つまり苦しみに、何と驚くべき仕方で生まれつき関係していることだろう。人間に両者が同時に生じようとはしないのに、もし人が一方を追求して捕まえれば、ほとんどいつも必然的にもう一方も捕まえてしまう。ちょうど、一つの頭に二つのものがくっ付いているかのように。私が思うに、もしイソップがこれらに思いを致したら、物語を創作したことだろう[25]。神は、敵対している快と苦の両者を和解させようと望んでいたが、それができなかったので、彼らの頭を同じ一つのものに結びつけた。それゆえに、どちらか一方がやってくる所には、もう一方も後で付

C

22 アテナイで刑罰の執行を司る役人で、八五B、一一六Bでも言及される。

23 妻クサンティッペと幼児メネクセノスは、最後の夜を牢獄で一緒に過ごすことを許されていた。一旦家に帰って休んだ彼女は、最期の時に別れの挨拶に戻ってくる（一一六B）。

24 人間が普段経験する快楽は真正でも純粋でもない。ソクラテスの実質最初となるこの言葉は、快苦併せ持つ現世の生のあり方を示す。

25 イソップ（アイソポス）は前六世紀前半に活躍した伝説的な寓話作家で、多くの物語が彼の作に帰されていた。この言及がケベスによる詩作への質問につながる。

いてくる、といった物語だ。ちょうど、私自身にも似たことが起こったように。つま (60)
り、鎖のせいで足に苦痛があったので、快さがそれに付いてやってきたように見えるのだ。[26]」

四

すると、ケベスがその言葉を取り上げて、言いました。

「ゼウスの神にかけて、[27]ソクラテスさん、想い出させて下さりありがとうございます。あなたがお作りになった詩、つまり、イソップの話を詩の韻律にしたものや、アポロン神に捧げた序歌について、[28]ほかにも以前私に尋ねた人たちがいたからです。で D
すが、つい最近ではエウエノスも、[29]あなたがここに来られてから、一体何を考えてそんな詩を作ったか、以前は一度も詩を作ったことはなかったのに、と尋ねていたのです。さて、もしエウエノスがまた尋ねた場合——きっとそうするだろうと、よく分かっていますので——私が答えられるように、なにかご配慮いただければ幸いです。何と言えばよいか、おっしゃって下さい。」

するとソクラテスは言いました。「では、ケベス君、エウエノスに真実を語りなさ

E
い。私は、彼や彼の詩作品に技術で対抗する意図でそれらを作ったのではなく——そんなことは容易ではないと分かっていたからね——そうではなく、或る夢が何を言っているのかを試そうとしたまでだ。つまり、もしかしてその夢が私にこのムーサの技《わざ》をなすようにと命じているのなら、[30]それに敬虔に従おうと考えてやったのだ。それは、次のようなものだった。

　過ぎ去った人生において、私にしばしば同じ夢が訪れ、その時々に違った姿で現れながらも、同じことを言っていた。『ソクラテスよ、ムーサの技をなし、制作せよ』

26　鎖に縛られ、解き放たれたプロメテウス（アイスキュロスの悲劇など）のイメージがある。

27　ゼウスはギリシアの主神で、オリュンポス一二神の惣領。

28　ソクラテスの「詩」の内容は不明であるが、イソップ作と伝えられる物語（散文）を元に詩（韻文）を作った上で、「序歌」を付けてアポロンに捧げた、という意味に解釈する。すぐに語られるように、ソクラテスには詩を作る習慣はなかった。なお、『ポリテイア（国家）』第一〇巻の詩人追放論では、神々に捧げる詩は理想国に許容される（六〇七A）。

29　パロス出身のエウエノスは、この頃アテナイに滞在していたソフィストで、詩も作っていた。『ソクラテスの弁明』二〇Bでも言及されている。弁論術への功績については『パイドロス』二六七A参照。

と。以前には私は、その夢は私がまさにやっていることを為すように勧め、励まして (60)
いるのだと受け取っていた。ちょうど互いに激励し合う走者のように、私にも夢が、 61A
私がまさにやっていること、即ち、ムーサの技をなすことを励ましてくれているのだ
と思っていた。つまり、知を愛し求める哲学こそムーサの最大の技であり、私はこれ
を為しているのだから、と考えたのだ。[31]

しかし今回、裁判があって、神の祭儀が私の死刑を延期していたので、もしかして、
夢が通常の意味でムーサの技をなすようにと命じているのなら、その夢に従わずに過
ごすことなく、むしろ詩を作るべきだと思われたのだ。それは、夢を信じて詩の作品
を作り、敬虔に振る舞ってからこの世を立ち去るのが、より安全だと思われたからだ。[32] B

そうして、最初に、その折の祭儀が奉納されたアポロン神に詩を作ったのだ。そし
て神の後には、もし詩人たろうとするのなら、詩人は言論ではなく物語を創作すべき
だと考えた。[33] 私自身は物語作者ではないのだが、イソップの物語を知っていて記憶に
持ち合わせていたので、そのうち最初に出くわしたものを詩に作り上げたのだ。

五

さて、このことを、ケベス君、エウエノスに伝えてくれたまえ。また、お元気でと。そして、もし思慮深くあろうとするなら、できるだけ早く私の後を追うようにと。私はどうやら今日、立ち去るようなので。アテナイ人たちがそう命じているのだから。」 C

すると、シミアスが言いました。「何ということを、ソクラテスさん、あなたはエウエノスに勧めるのでしょう。私はもう何度もあの男に会っていますが、私が知って

30 「ムーサの技（ムーシケー）mousikē」とは、女神ムーサ Mousa（複数形はムーサイ Mousai）が司る学芸のことで、狭くは「詩歌、音楽」を指す。

31 哲学が最も重要なムーシケー（学芸）である、と解したソクラテスは、自分は現に従事しているのでそれを続ければよいと思っていた。

32 ソクラテスがなぜそれまでの夢解釈を撤回して、通俗的な意味で「ムーサの技をなす」実践を行なったのかは、神との関係で興味深い。これは実際に牢獄で起きた出来事かもしれない。

33 議論・言論（ロゴス）と物語・神話（ミュートス）が対比されるが、後者を否定して前者を目指す通常の哲学からは、優先が逆転されている。

いるかぎりはほぼ、彼が進んであなたに従うなんて、どうしたってあり得ないでしょう。」 (61)

　すると、ソクラテスが言いました。「どうしてだい。エウエノスは知を愛し求める哲学者ではないのかね。」

「私には、そうだと思われますが」[34]と、シミアスが言いました。

「それなら、エウエノスも喜んでそうするだろうし、哲学に与《あずか》るのに相応《ふさわ》しい人ならだれでもそうだろう。いや実際、おそらくその人は自身を手に掛けるということはないだろうが。それは神の掟に適《かな》わないと言われているので。」[35]

　ソクラテスはこう言うと同時に脚を地面の上に降ろし、座ったままもうそれ以後は
D
その姿勢で対話を交わしたのです。[36]

　すると、ケベスがあの方に尋ねました。「どうしてそんなことを言われるのでしょう、ソクラテスさん。自身を手に掛けることは神の掟に適わない、と言いながら、もう一方で、知を愛し求める哲学者は死んでいく者に喜んで従うだろうなんて。」

「何だって、ケベス君。君もシミアス君も、こういったことについて、フィロラオスと一緒にいて、聞いたことはないのかい。」[37]

「ソクラテスさん、はっきりしたことはなにも聞いておりません。[38]」

「いや本当に、私もそのことについては伝聞で語っているのだ。だが、私が偶々聞いていることを語るのに、すこしも出し惜しみはしない。間もなくあの世に旅立とう

34　エウエノスは『ソクラテスの弁明』でソフィストの代表として紹介されており、「知を愛し求める者＝哲学者」と呼ぶのは皮肉であろう。だが、シミアスはその区別を気にせず、彼が哲学者だと同意してしまう。

35　「自身を手に掛ける」とは自殺すること。ここで提起される自殺禁止論は、古代において賛否両論を引き起こした。ストア派やプラトン主義では自殺は条件によって許容される。

36　ソクラテスは牢獄で寝台に腰掛けて、周りに集う仲間と対話する。

37　クロトン出身のフィロラオス（前四七〇年頃〜前三八五年頃）は、ピュタゴラス派の代表的哲学者で、南イタリアで起こった反ピュタゴラス派の動きでギリシアに亡命し、テーバイなどで過ごした。彼の著作はプラトンの哲学に大きな影響を与えたと言われる。

38　この発言には、①フィロラオス自身が「自殺」について十分な見解を持っていなかったか、②ピュタゴラス派の教説一般が「謎を通じて」語られていて曖昧であったからか、③シミアスとケベスが十分にピュタゴラス派の教えを受けていなかったか、のいずれかの理由が想定される。訳者は③をとる。二人はソクラテスの弟子であったが、ピュタゴラス派に属してはいない。

とする者にとって、彼《か》の地への旅立ちについて、それがどのようなものだと私たちが 61E
思っているのかに考察をめぐらし物語ることが、[39]おそらく最も相応しいのだからね。
いや、太陽が沈むまでの時間、ほかに何ができるだろう。[40]」

二、哲学者のあり方

(一) 自殺禁止論

六

「では、一体どんな点で、自分が自身を殺すことは神の掟に適わない、と人々は言っているのでしょう、ソクラテスさん。私は、今しがたあなたが尋ねたことについて、実際フィロラオスからも、すでに——彼が私どものところに住んでいた折に——そんなことを為してはならぬと聞いていますし、また他の人々からももう聞いています。ですが、こういったことについて、今まではっきりしたことは何一つだれからも聞いたことはないのです。」

62A 「では、勇気をもって当たるべきだ」とソクラテスは言いました。「おそらく聞くことができるだろう。しかしながら、君にはきっと次のことが驚くべきだと思われるだろう。他のすべてのことの中で、自殺をしてはならないというこのことだけが端的に成り立っており、人間にとって、他の事柄については或る特定の時や特定の人々に成り立つのとは異なり、生きるよりも死んでいることが善いということはけっしてないとしたら。あるいは、死んでいる方が善い人がいた場合でも、その人たちにとって自身に善いこと、つまり自殺を行なうことが敬虔ではなく、他の手助けをしてくれる者を待たなければならないとしたら、君にはおそらく、驚くべきことだと思われるだろう。[41]」

するとケベスは、穏やかに笑って、「ゼウス神もご覧ぜよ！」と彼のお国の方言で言いました。[42]

---

39 「考察をめぐらす」が哲学的、「物語る mythologein」が神話・宗教的な語り方に対応する。

40 処刑は日没後に行なわれる規則であった。

41 六二Aの一節の解釈には古代から多くの議論がある。本解釈については【補注三】参照。

42 ケベスの出身地テーバイのボイオティア方言での間投の科白。

62B 「いや実際、こんな風に言うと、不合理に思われるかもしれないが」と、ソクラテスは言いました。「しかし、おそらくなにか理があるのだ。これをめぐって秘密のうちに語られた言葉、曰く、『私たち人間はなにか檻[43]の内にいるのであり、そこから自身を解放することも、逃亡することもしてはならぬ』という言葉は、私にはなにかとても重大で、見て取るのに容易ではないと思われる。しかしながら、次のことは、ケベス君、立派に語られていると思われる。即ち、私たちを配慮して下さっているのは神々であり、私たち人間は神々の持ち物の一つにすぎないと[44]。君にはそう思われないか。」

「私にはそう思われます」とケベスは言いました。

C ソクラテスは言いました。「それでは君も、自分の所有物であるものが、君がそれの死を望むと指示もしないのに、自分で自殺してしまうとしたら、そいつに怒って、もしなにか懲罰があればその罰を科すのではないか。」

「もちろんです」と彼は言いました。

「それではおそらく、この点では不合理ではないだろう。神がなんらかの必然の定めをお送りになる前に自分を殺してはならないということは。ちょうど今私たちの元にある定めもそうであるように。[45]」

七

ケベスが言いました。「いやそのことは、もっともに思われます。ですが、今しが
たあなたがおっしゃった点、即ち、知を愛し求める哲学者はやすやすと死ぬことを望
むだろうということは、ソクラテスさん、奇妙なことのようです。もし実際、私たち D
が今さっき言ったこと、つまり、私たちを配慮するのが神であり、私たちがその方の
持ち物であるということが、理に適っているとすれば。と言いますのは、もっとも思

---

43 この語を「牢獄」として、オルフェウス＝ピュタゴラス教の「肉体は魂の墓場である」という教説ととる解釈も有力である。だが、神が配置した「駐屯地＝持ち場」とする解釈もあり（キケロ）、「監視の檻、囲い」と解すると「持ち物＝奴隷、家畜」の類比に対応する。

44 神と人間の関係を羊飼いと羊（持ち物）に喩えることは、ギリシアでは普通であった。

45 「神が送る必然の定め」という条件には、ソクラテスがこれから迎える運命、つまり死刑が含まれている。神の使命に従ってソクラテスが死刑を受け入れるので（『ソクラテスの弁明』）、毒杯を自ら仰ぐという「死刑」は、禁止されている自殺にはあたらない。

(62) 慮ある人であれば、ありとあるものの最高の監督者であられる神々が彼らを監督する、
その世話から立ち去るのを嫌がらないというのは、理があろうはずはないからです。
実際、その人は自由な立場になっても、自分をよりよく配慮できるとは考えないで
しょう。しかし、愚かな人間は多分、そんなことを、つまり、主人から逃げるべきだ
E と考えてしまうでしょう。また、善き者から逃げるべきではない、できるかぎりその
元に留まるべきだ、と理性的に推論せず、[46] それゆえ、理性的推論なしに逃げてしまう
のでしょう。他方で、分別を持つ人間はきっと、自身よりも優れた者の傍《かたわ》らにいつ
もいようと望むでしょう。しかし、もしこうならば、ソクラテスさん、先ほど語られ
たこととは反対のことがもっともらしいのです。つまり、思慮ある人は死ぬ時には嫌
がり、無思慮な人が喜ぶということが相応しいのです。」
63A さて、ソクラテスはこれを聞くと、ケベスの問題への取り組みぶりに喜んでいるよ
うに私には思われました。そして、私たちに目をやってこう言いました。「ケベス君
はいつもなにかの議論を見つけ出す。なんであれ人が言うことに、すぐには信じ従お
うとはしないのだ。」
するとシミアスが言いました。「しかしながら、ソクラテスさん、今の場合は私

自身にも、ケベスがなにか意味のあることを言っているように思われます。いや、何を望んで、真に知恵ある人が彼らよりも優れた主人の下を逃れ、やすやすと彼らから解放されるということがあるでしょうか。[47] そしてケベスは、この議論をあなたに対して差し向けているように私には思われます。その理由は、あなたが、私たちと、あなた自身が認めているよき支配者、即ち神々を残して去って行くというのに、このようにやすやすと耐えておられるからです。」 B

「正当なことを、君たちは言っている。私がちょうど法廷にいるように、このことに対して弁明をすべきだ、と君たちは言っているように思う」とソクラテスは言いました。

「その通りです」とシミアスは言いました。

---

46 「理性的に推論する logizesthai」は、推論や計算を行なう理知的営み。

47 この疑問は死んでいくソクラテスに向けられるが、「真に知恵ある人」という表現が用いられている点は、シミアスが彼をどう見ていたかを示す。

（二）第二の弁明 「死」の練習

八

「では、どうだろう」とソクラテスは言いました。「私は、裁判員に対するよりもより説得的に、あなた方に弁明を試みよう。[48]それは、シミアス君にケベス君、もし私が、第一に別の知恵ある善き神々の元へ赴くこと、次いでこの地の人々よりも優れた死者たちの元に赴くことを信じていなかったら、[49]死を嫌がっていないのは不正を為していることになるだろう。だが今は、よいですか。私は善き人たちの元へと行く希望を抱いているのであり――この点は強く断言はできないが[50]――しかしながら、まったく善き主人である神々の元に行くという点では希望を抱いている。よいですか、もしこういったことについて、なにか断言できることがあれば、これこそがそれなのだ。そうして、この理由で私は希望が無い場合と同様に嫌がることはないし、死んでしまっている人々にはなにか大いなることがあると希望を持っている。即ち、ちょうど昔から言われているように、善き人々には悪しき人々よりはるかに善きことがあるという、

C

善き希望を抱いているのだ。」

するとシミアスがこう言いました。「ではどうでしょう、ソクラテスさん。ご自身だけそのような考えを持って、去っていくおつもりですか。それとも、私たちもその考えに与《あずか》らせてくれるでしょうか。そう言いますのは、私にはそれが私たちにも共通の善きことだと思われますし、同時にあなたにとっても弁明になるでしょうから。あなたがおっしゃっていることについて、私たちを説得して納得させて下されば。」

「それでは、やってみよう」とソクラテスは言いました。「だがまず、このクリトンがさっきからなにか言おうとしているように見えるのだが、それが何なのか、調べて D

48 実際の法廷では、裁判員の説得に失敗して死刑判決を受けている。ここでは、より手強い相手に対する、本格的な哲学議論を行なう決意表明となっている。

49 「別の神々」は冥府の神々を指すと思われるが、伝統的な神観とは異なるかもしれない。彼の世にいる優れた死者としては、『ソクラテスの弁明』四一Aで、オルフェウス、ムサイオス、ヘシオドス、ホメロスらの名が挙げられている。

50 善き人々の元に赴くという点は、絶対にそうだと確言はできないにしても、神々の元へという点は絶対だという強調。

みよう。[51]」

「いや、ソクラテスよ」とクリトンは言いました。「何を隠そう、君に薬を与える男が先ほどからぼくに言っていることなのだよ。つまり、君はできるだけ対話をしないようにと、君に言っておく必要があると言うのだ。あの男が言うには、対話をすると非常に熱を帯びるものだが、そんな熱は薬に加えてはならない[52]。そうでないと、そんなことをする者は、時には、二度も三度も、薬を飲まざるを得なくなるんだと、そう E
言っている。」

すると、ソクラテスがこう言いました。「あの男のことは放っておきたまえ。彼には自分のことだけを準備させるようにしよう。二度でも、もし必要であれば三度でも、処方するようにと。」

「いや、大方そんなことだろうと、分かっていたよ」とクリトンは言いました。「だけど、さっきから彼がうるさくしてきたものだから。」

ソクラテスはこう言いました。「彼は放っておいて、裁判員である君たちに次の言論をお返ししよう。即ち、真に知を愛し求める哲学の営みに生涯を過ごす人間は、死を迎える折には彼《か》の地で最大の善が得られるという善き希望を抱き、勇気をもって死 64A

ぬことになるのがもっともだと私には思われる。どうしてこれがそうであり得るのか、シミアス君にケベス君、私から語るように試みよう。」

九

「それはつまり、まさに知を愛し求める哲学に正当に携わっている人々は、死にゆくこと、死んでしまっていること以外の何物も追求していないということ、このことはおそらく他の人々には気づかれずにいるのだ。それで、もしこれが真実なら、全生涯でこのこと以外の何物も熱望していないのに、長い間熱望して追求してきたそのことがやってきたその時に嫌がるのは、奇妙であろう。」

するとシミアスは笑って言いました。[53]「ゼウスの神にかけて、ソクラテスさん、今

51 クリトンが会話に参加するのは、六〇Aとこの場面の後は、最期を準備する終幕になる。この旧友の配慮はつねにソクラテスや残される家族のことで、その非哲学性は他の対話と対照的である。『クリトン』での彼の言葉も念頭に置くこと。

52 熱を帯びると毒薬の効き目に支障が出るということ。

53 ここでシミアスが思わず笑った意味を考えることは重要である。

私は笑い出すつもりはなかったのですが、あなたに笑わされてしまいました。いや、 64B
多くの人々はまさに今のことを聞いたら、知を求めている人間についてまったく上手《うま》
く言っていると考えるだろう、そう思うからです。そして、私の同郷の人々はとりわ
け合意するでしょう。[54]つまり、本当に、知を愛し求める哲学者は死にかけており、[55]死
を被るのが相応しいということは、彼らに気づかれていないなんていうことはありま
せん。」
ソクラテスはこう言いました。「彼らはおそらく真実を言っているのだろう、シミ
アス君。ただし、彼らが気づいているという点を除いてね。いや、あの人たちは、真
に知を愛し求める哲学者がどんな意味で死の状態にあるのか、どんな点で死に相応し
いのか、そしてその死とはどのようなものか、気づいてはいないのだから。では、私 C
たち自身に向けて話しかけよう。大勢の人には別れを告げてね。私たちは、なにか死
というものがある、と考えているね。」
「無論」とシミアスが答えて言いました。
「死とは、魂の肉体からの分離にほかならないのではないか。[56]この『死んでいるこ
と』とは、一方で、肉体が魂から分離されて、それ自体となっていることであり、他

方で、魂が肉体から分離されて、それ自体としてあることではないか。[57] 死とはこれ以外のものだろうか。」

「いいえ、まさにそのことです」とシミアスは言いました。

「では、善き人よ、考えてみなさい。もし私にそう思われることが、君にもそう考えられるなら。D 以下のことから、考察している事柄について私たちがより一層知るようになると思うからだ。君には、飲み食いのような『快楽』と呼ばれるものに一所懸命になっていることが、知を愛し求める哲学者に属すると思われるだろうか。」

---

54 テーバイの人（ボイオティア人）は、享楽的生き方で知られていた。

55 「死にかけている」とは、死んだのと同然という意味と、死を求めているという意味をかけている。アリストファネスの喜劇でも、哲学を行なう仲間は「半分死人だ」と揶揄《からか》われており、男らしく生きている状態とされる政治や実業の場面での活動との対比で、哲学者は「死んでいる」も同然だとされるのは、一般人に共有されるイメージであった。

56 「分離 apallagē」という語は「解放」という意味も持つ。

57 肉体からの魂の分離という「死」の規定は、常識的な見方にも見えるが、実際には哲学的定義となっている。魂が「それ自体である」という状態の実現は、哲学の目標である。魂と肉体の分離は『ソクラテスの弁明』で「魂の配慮」として勧告された内実である。

「いいえ、ソクラテスさん。まったく属さないと思われます」とシミアスは言いました。

「では、性の快楽についてはどうか。」

「けっして属しません。」

「では、肉体をめぐる他の配慮についてはどうだろう。[58] 君には、そのような人が、これらは価値あるものだと考えると思われるだろうか。例えば、目立った衣装や履物や身体を飾る他の装飾品を所有することを、その人は価値あるものと見なすと君に思われるだろうか。それとも、肉体に関わるものに与《あずか》る必要が大きくない限り、それらを価値のないものと見なすとは思わないか。」

「価値がないと考えると、私には思われます。真に知を愛し求める哲学者であれば」とシミアスは言いました。

(64)

「それでは、総じて、このような人が従事することは、肉体に関わるものではなく、できるかぎり肉体から距離を置き、魂に向かっていることなのだと、君には思われないか。[59]」

E

「私にはそう思われます。」

65A
「それでは、まずこのようなことにおいて、知を愛し求める哲学者は、他の人々とは異なり、肉体との交わりから魂を最大限に解き放つのだということは、明らかではないか。」

「そのようです。」

「そして、シミアス君、きっと多くの人々にはこう思われているのだ。即ち、このような事物をどれ一つ快いとすることなく、それに与ることもない者は、生きるに値しないのであり、肉体を通じて得られる快楽を何一つ考慮しない人は、死んでいる状態に近似しているのだと。[60]」

「まったく、あなたのおっしゃることは真実です。」

58　ここで語られる「配慮 therapeia」は、『ソクラテスの弁明』の「配慮 epimeleia」と同義で、魂と肉体（金銭・名誉を含む）の二方向に分岐する。

59　配慮は「何に向かって生きるか」という方向の問題であり、哲学者には魂の目の向け変えが求められる。

60　シミアスに向けたこの確認は、彼の誤った指摘（六四A−B）への回答となる。

一〇 (65)

「それでは、叡智の獲得それ自体についてはどうかね。[61] もしだれかが探究において
肉体を協力者として伴うとしたら、肉体は妨げとなるのだろうか、それとも、ならな
いのか。それは、次のようなことを言っているのだ。視覚や聴覚は、人間になにか真
理をもたらすだろうか。[62] いや、こういったことは、詩人ですら、私たちにくり返し B
語っているのではないか。即ち、正確なことを私たちは聞くことも見ることもないと。[63]
実際、もし肉体に関する感覚のうちで、まさにその二つが正確でも明瞭でもないとし
たら、その他の感覚ではほぼ不可能だ。それらはすべて、この二つよりも劣ったもの
なのだから。[64] それとも、君にはそう思われないかね。」

「もちろん、そう思いますとも」と彼は言いました。

「では、魂は、いつ真理に触れるのだろうか。そう尋ねるのは、魂が肉体と共にな
にかを考察しようと試みる場合、その時肉体によって欺かれてしまうのは明らかだか
らだ」とソクラテスは言いました。 C

「あなたがおっしゃることは、真実です。」

「それでは、真にある実在のなにかが、[65] 魂に、どこか別の場で明らかになるのなら、

それは理性を働かせることにおいてではないのかね。」

「はい。」

「もっとも立派に理性を働かせるのは、きっと、視覚も聴覚も、どんな苦痛も快楽も、こういったなにものも魂を煩《わずら》わせて逸らさない場合、そして、魂が肉体に別れを告げて最大限にそれ自体となり、可能なかぎり肉体と協力せず接触もしないで、あ

---

61 「叡智」と訳す「フロネーシス phronēsis」はプラトンでは一般に知を意味する語で、アリストテレスが術語化した「実践知」の意味ではない。この対話篇では特に、浄化された魂が真実在を認識している状態を指す。通常の用例では「思慮」と訳す。

62 「真理（アレーテイア）」は叡智が関わる状態である。

63 古代から、エピカルモスの言葉「知性が見、知性が聞く。他は盲目で聾である」（断片一二DK）が引かれる。これはクセノファネスが神について語った「全体として見、全体として考え、全体として聞く」（断片二四DK）とも関わる。

64 視覚と聴覚は、外界を把握するために最も有効な手段であると考えられていた。この二者以外の、嗅覚、味覚、触覚は、より曖昧な感覚である。

65 魂が関わるのは、あらゆるものの「ある einai」というあり方、つまり実在・現実である。訳では「ある」に傍点を振って示す。

(65) るという実在に達するその時なのだ。」

「その通りです。」

「従って、この点でも、知を愛し求める哲学者の魂は、とりわけ肉体を軽視して、

D 肉体から逃れ、魂がそれ自体となることを追求するのではないかね。」

「そのようです。」

「それでは、シミアス君、次のようなことはどうかね。私たちは、正しさはそれ自体でなにかである、と言うだろうか。[66] それとも、なんでもない、と言うだろうか。」

「ゼウスの神にかけて、あると言いましょう。」

「それではまた、美しさや、善さも、なにかであるのかね。」

「どうしてそうでないことがありましょう。」

「では、君はこのようなもののなにかを、かつて目で見たことがあっただろうか。」

「いいえ、けっしてありません。」

「では、肉体を通じたなにか別の感覚で、君はそれらに触れたことがあるだろうか。私は、万物について、つまり、大や健康や強さや、一言で、他のすべてのもののあり

E 方、[67] つまり、まさに各々であるその実在について語っているのだ。[68] 肉体を通じて、

それらのもっとも真なるあり方を見て取ることができるのか、それとも、次のようではないか。つまり、私たちの中で、考察するものの各々をそれ自体としてもっとも正確に思考する準備のある者が、そのそれぞれを認識する状態にもっとも近づくのだろう。」

「もちろんです。」

「では、そのような人が、もっとも清浄にこのことをなし得るのではないか。その者は、できるだけ思考それ自体によって各々のあり方へと向かい、思考することにお

66　魂の叡智の対象として導入される「それ自体 auto」はイデアを指す。最初にイデアが認められるのは「正しさ、美しさ、善さ」という三つ組である。唐突な導入にすぐ同意する様子からは、シミアスやケベスがソクラテスとの議論で以前からイデアという考え方に親しんでいたことが窺われる。

67　「あり方、ウーシアー ousia」は「ある einai」の抽象名詞形で、アリストテレスが術語化して「実体、本質」の意味を担わせた。

68　この議論で導入されたイデアは、最初の三つ組に加えて「大、健康、強さ」などが含まれる。どの範囲にイデアを認めるのかは、『パルメニデス』で理論的課題となる。

いて視覚を適用することもなく、他のどんな感覚を理性的推論にもち込むこともない。 66A
そうではなく、純粋な思考をそれ自体で用いて、真にある実在の各々を純粋でそれ自体であるものとして狩猟しようとし、目や耳や、いわば肉体のすべてから最大限に分離されているのだが、それは肉体が魂をかき乱し、共同する際には魂に真実も叡智も獲得することを許さないと考えてのことだ。シミアス君、真にある実在を獲得する者がいるとしたら、まさにその人ではないか。」

するとシミアスは言いました。「驚くほどに、真なることをおっしゃっています。ソクラテスさん。」

一一

「従って、これらすべてから、[69] 純正に知を愛し求める哲学者たちには、次のような B
考えが浮かび、互いにこんなことを語るのが必然であろう。
『探究において、おそらくなにか抜け道のようなものが私たちを言論と共に連れ出すのだろう。[70] その理由は、私たちが肉体を持ち、かつ私たちの魂がそのような悪と混ぜ合わされている限りは、いつか私たちが望んでいるものを十分に獲得するということは、けっしてないだろうから。私たちは、その望むものが真理だと主張する。そう言うのは、肉体は必要な養育のために数限りない余裕のなさを私たちにもたらし、さ
C らに、病気かなにかが降り掛かってきたら、それらは真にある実在を目指す私たちの狩りを妨害するだろうから。[71] 愛欲や欲望や恐怖やあらゆる種類の幻影やたわ言で私たちは一杯になり、その結果、格言にあるように、肉体によっては真なる仕方で本当に思考することさえ、けっして何一つ私たちには可能とならない。[72] それは、戦争や内乱や戦闘も、肉体やその欲望が生じさせるものにほかならないからだ。つまり、金銭の

69　バーネットに従い、これまでの三つの議論を指すととる。［第一議論：六四C–六五A］哲学者は肉体の欲望を軽視し、それを退ける。［第二議論：六五A–D］肉体は叡智の獲得を妨げる。［第三議論：六五D–六六A］自体的存在（イデア）は肉体の感覚を通じては把握されない。

70　この一文には古来様々な解釈がある。「抜け道」を、肉体なしの魂、死、肉体ととる提案があるが、ここではペルシア戦争時テルモピレーの戦いでスパルタ軍が死守しようとした間道のようなイメージと解する。

71　「実在の狩り」というイメージは哲学探究でしばしば使われる。

獲得のためにあらゆる戦争が生じるのだが、それは私たちが金銭を獲得することを肉
体によって強いられるからである。[73]私たちは肉体への配慮の奴隷となっている。それ (66)
ゆえ、私たちは肉体が原因で知を愛し求める余裕を失うのである。究極の事態は、私 D
たちに肉体からなんらかの余裕が生じてなにかを考察することへと自分を向けたとし
ても、肉体はそれらの探究においていたるところで邪魔しに来ては騒動や混乱
をひきおこし、正気を失わせ、その結果肉体によって真実を観取することができなく
なることである。

しかし本当に、私たちには次のことは明らかである。即ち、もし私たちがなにかを
清浄に知ろうとするならば、肉体から切り離されるべきであり、魂それ自体によって
物事それ自体を観なければならない。そしてその時に、どうやら、私たちが求め、そ E
れを恋する者であると主張するその境地、つまり〈叡智〉が私たちのものとなるだろ
う。言論が示すように、それは私たちが死んだ時のことであり、生きている間ではな
い。つまり、肉体と一緒では何一つ清浄に認識できないのであれば、次の二つのどち
らかが本当だ。即ち、知るという状態を獲得することはどこでもできないか、あるい
は、死んだ時に可能かのどちらかだ。[74]それは、魂がそれ自体となり肉体から離れるの

67A はまさにその時であり、それ以前にはそうでないからだ。私たちが生きている間に私たちが〈知る〉ということにもっとも近い状態にあるのは、どうやら、最大限肉体と親しくすることなく、どうしても必要な場合を除いて共同することもなく、また、肉体の性《さが》に感染することもなく[75]、肉体からの浄化を遂行している時のことなのだ。神ご

---

72 おそらく、「そんなことは、思考することも私には生じない」という言い回しがあったのであろう。そこで軽い意味で使われる動詞「思考する phronein」は、魂が真実在をとらえる場面では「叡智」を意味している。

73 戦争の原因としての金銭欲は、『ポリテイア』第八–九巻が話題にしている。

74 この二者択一は、生きている間は肉体と一緒にあるという前提の上で、①死が無になることであれば、結局知の獲得は不可能となる、②死後に魂が存在すれば、そこで知を獲得する可能性がある、という考えであろう。この選択肢は『ソクラテスの弁明』四〇C–四一Cでソクラテスが語る死後の二つの可能性、①無になること、②魂があの世に行くこと、に対応する。ソクラテスはここでも、死について「不知」の立場をとっているが、強く②の方向を示唆する。

75 「感染する」と訳した動詞は、「満たす」という一般的な意味もあるが、疫病の伝染も意味する（トゥキュディデス『歴史』第二巻五一）。「浄化」とともに、病気の比喩である。

自身が私たちを解放して下さるまでのことだが。このようにして、私たちが肉体の無思慮から解放されて清浄な者としてそのような者たちと共にあり、私たち自身で純粋なものすべてを認識するのが当然だ。[76] おそらく、この純粋なものこそが真理であろう。清浄ならぬ者が清浄なものに触れることは、神の掟に適《かな》うことではないのだから』。シミアス君、私が思うに、正しく学びを愛する者たちは皆このようなことを論じ合い考えるに違いない。君にはそう思われないかね」。ソクラテスはこう言いました。 (67) B

「何にもましてそう思います、ソクラテスさん。」

一二

「それでは」とソクラテスは言いました。「もしこれが真実なら、友よ、私が向かっているその場所に到れば、そこでは――もしもどこかにそういう所があれば――これまでの人生で私たちが多くの営為で目指してきたその目標を十分に達成するという、大きな希望があるのだ。その結果、今私に命じられているあの道行きは善き希望を伴っており、また、思考を浄化されたものとして自ら準備してきたと考える他の人にも同様である。」 C

「無論です」とシミアスは言いました。

「では、浄化とは、古くからの言論で語られている、[77]次のことではないか。即ち、魂をできるだけ肉体から離すこと、そして魂をそれ自体として、あらゆるところで肉体から離して一つに集結し凝集するのに慣れさせること、[78]そして今現在においても、
D 来たるべき時でも、魂をあたかも縛《いまし》めのような肉体から解き放ちながら、できる限りそれ自体単独に住まうこと、これではないか。」

「全くその通りです」と彼は言いました。

「それでは、ほかでもないこのこと、即ち、魂の肉体からの解放と分離が、[79]死と名付けられているのではないか。」

「まったくそうです」と彼は言いました。

「私たちが言っているように、正しく知を愛し求める哲学者こそが、つねに最大に、

76　清浄な者は清浄な者と過ごし、言論を交わすことで「実在」を探究していく。
77　「浄化、古くからの言論」については【補注四】参照。
78　魂を自身に集中させることは、宗教的な修行でも中心となる。

いや、彼らだけが、魂を解き放つことに熱心なのではないか。そしてまさにこの、魂の肉体からの解放と分離こそ、知を愛し求める哲学者が練習してきたことなのだ。違うかね。」

「明らかに。」

「それでは、初めに話したそのこと、つまり、或る人が、人生において自身で死にもっとも近くにいるように準備して生きているのに、それが彼に訪れると嫌がるE
というのは、笑うべきことだろう。」

「笑うべきことです。[80] どうしてそうでないことがありましょうか。」

「では実際、シミアス君、正しく知を愛し求める哲学者たちは、死にゆくことを練習しているのであり、[81] また、人間の中でとりわけ彼らにとっては、死んでいる状態はすこしも恐ろしくないものなのだ。次のことから考えてみたまえ。

もしあらゆる仕方で肉体と不和の状態にあり、魂をそれ自体として持つことを望んできたのに、この死というものが生じると怖がり、嫌がったりしたら、大いに理に合わないことになるだろう。もし彼《か》の地へ喜んで行かないとしたらね。そこに到ったら生涯を通じて愛し求めてきたものを——叡智を愛し求めてきたのだが——それを手に 68A

入れるという希望があり、かつ、それまで一緒にいた不和の相手から解放される希望があるというのに。いや、愛する人間、つまり恋人や妻や息子たちが死んだら多くの人々は自ら進んで冥府に探しに行ったのだが、彼らは願っていた人々と彼の地でまみえ、一緒に過ごすという希望に導かれていたのだ。[82] だが今度は、叡智を本当に愛し求めているのに、まさにその同じ希望を手にしながら、死んでいく時に嫌がり、喜んで彼の地に行こうとしないのはどうだろう。冥府以外の他のどこでも、理に適った仕方でそれに出会うことはないというのに。

B

79 ここで「分離」と訳した「コーリスモス chōrismos」は、アリストテレスがプラトン「イデア論」を特徴づけ批判する際のキーワードであり、感覚物からイデアを切り離す「離在」を指す。プラトン対話篇では、本篇のこの箇所（六七Dに二例）で使われるのみだが、ここでは身体からの魂の分離を指す。イデアの離在と魂の分離の並行性については「解説」を参照。

80 話者割振りは、写本ではなく底本に従う。

81 ここで「死の練習 meletē thanatou」としての哲学が語られる。

82 アルケスティスやオルフェウスら、愛する人をめぐる冥府行きの物語が念頭に置かれる。

(68)

友よ、本当に知を愛し求める哲学者であるのなら、こう考えるべきだ。彼の地以外では清浄なあり方で叡智に出会うことはないと、その人には強く思われるだろうから。今しがた言ったことだが[83]、これがもしその通りなら、万一このような人が死を恐れたら、大いに理に合わないことになってしまうのではないか。」

「ゼウスの神に誓って、まったく理に合いません」と彼は言いました。

一三

ソクラテスは言いました。「それでは、君が、死のうとしている時にそれを嫌がる人を見たら、その人は知を愛し求める哲学者ではなく、肉体を愛し求めていたという十分な証拠ではないか。その同じ人が、金銭を愛し求める者であり、名誉を愛し求め C
る者なのである[84]。これらの一方か、両方かのどちらかなのだ。」

「まったく、あなたのおっしゃる通りです」と彼は言いました。

「それでは」と彼は言いました。「シミアス君、『勇気』と呼ばれるものも、そのようなあり方をする人々にこそ、もっとも相応しいのではないか。」

「まったくそうです」と彼は言いました。

「それでは、多くの人々が『節制』と呼んでいるもの、即ち、欲望に関して興奮せず、それを軽視して秩序正しく振る舞うことも、[85]もっとも肉体を軽視し、知を愛し求める哲学に生きる者にとってのみ相応しいのではないか。」

「必然です」と彼は言いました。

「もし君が、それとは別の人々の勇気や節制を考えようとするのなら、そういった勇気や節制は奇妙なものだとは思われないかい。」

「どうしてでしょう。ソクラテスさん。」

「他のすべての人は、死を最大の悪の一つと考えているのを、君も知っているだろう。[86]」

「はい、もちろんです」と、彼は言いました。

D

83　六七Eを指す。

84　知の愛求、名誉の愛求、金銭の愛求は三つの生の型であり、『ポリテイア』第九巻では魂の三部分説で説明される。

85　ここで欲望の抑制としての通俗的な意味での「節制」が論じられるが、これは、例えば『ポリテイア』第四巻で定義される哲学的な「節制」とは区別される。

「それでは、彼らのうち勇敢な人々は、より大きな悪への恐れによって、死を――それを引き受ける時には――引き受けるのではないか。[87]」

「その通りです。」

「では、知を愛し求める哲学者以外のすべての人々が勇敢なのは、怖がっていること、つまり、恐れによってなのだ。しかしながら、だれかが恐れや臆病さによって勇敢であるというのは、理に合わないことである。」

「まったくです。」

「それでは、彼らのうち、秩序正しい人はどうだろう。その同じ状態でいる、つまり、彼らはなんらかの放縦さによって節制しているのではないだろうか。確かに、私たちはそれが不可能だと主張するが、にもかかわらず、彼らにはこのような人のよい節制の状態が、それに似たものとして生じている。そう言うのは、或る快楽が奪われてしまうのを恐れ、それらの快楽を欲するがゆえに、別の快楽を控えてその快楽に打ち負かされているのだから。[88]しかし、快楽によって支配されることを『放縦さ』と呼んでいるが、にもかかわらず、快楽によって支配されている者には、他の快楽に打ち勝つという事態が起こる。これが、今言ったこと、即ち、或る仕方では、放縦さゆえ

(68) E 69A

に節制の状態にある、ということなのだよ。」
「そのようです。」
「幸せなシミアス君、これは、徳についての正当な交換ではないはずだ。快楽には快楽で、苦痛には苦痛で、恐怖には恐怖で交換すること、つまり、通貨のように高額を小銭に交換することは。そうではなく、すべてのものがそれと交換されるべき通貨、即ち叡智だけが、正当な交換相手なのだ。[89] すべてがそれと交換され、むしろ、それを B
伴って購入され販売されるなら、本当に勇気も節制も正義も総じて真なる徳となるの

---

86 『ソクラテスの弁明』二九A-B、四〇A-C参照。だが、ソクラテスは死への恐れを「無知」とする。

87 ギリシア人にとって、不名誉、恥や隷属は、死よりも大きな害悪と思われていた。

88 例えば、酒を飲み続けたいために、暴食を避けて節度ある食事を摂るといった場合。

89 古典期アテナイの硬貨にはアテナ女神とフクロウの図が刻印されていた。それらは「知恵」のシンボルであり、貨幣と叡智の連想は容易であったろう。また、ヘラクレイトスの断片九〇DK「全てのものは火のかわりで、火は全てのもののかわり。丁度金がもののかわりで、ものが金のかわりになるように」との関係も窺われる。

(69) だ。つまり、叡智を伴っていれば、快楽や恐怖やこういった他のすべてのものが加え
られても、取り去られても、真なる徳であることに変わりはない[90]。しかし、叡智から
切り離されて互いに交換されたなら、そのような徳とは陰絵の技法に過ぎず[91]、本当は
奴隷的であって、どんな健全さも真理も持たないのである。

C 他方で、真理は、節制も正義も勇気も、本当にこれらすべてのものの浄化であり、
叡智そのものは浄化の目標である[92]。それで、秘儀を私たちに設《しつら》えて下さった方々は、
おそらくけっして下らない者ではなく、実際には古くから次のことを謎かけで仄《ほの》めか
していたのだ。曰く、『秘儀に入門せず成就せずに冥府に到る者は、汚泥の中に横た
わるであろう。他方、浄めを受け秘儀を成就したものは、彼《か》の地に到れば神々と共に
住まうことになる』と。秘儀に携わる者はこう言っている[93]。『ナルテクスの杖をもつ
D 者は多いが、バッカスの神の信者は僅かだ』と。このバッカス神の信者とは、私の考
えによれば、正しく知を愛し求めてきた者にほかならない。私もそういった者になろ
うと、できるかぎり、生涯を通じてあらゆる仕方で熱望しており、そのためにやり残
したことはない。私たちが正当に熱望してなにかを成し遂げたかどうかは、もし神が
望まれるなら、彼の地に赴いた時に、私たちは確かなことを知ることになるだろう。

私に思われるところでは、それはもうわずか後のことだ。
それでは、以上を私の弁明としよう、シミアス君にケベス君。即ち、君たちやこの地の主人[94]を後に残して去るにあたり、私が酷《ひど》いと思ったり嫌がったりしないのはもっともなことであり、この地に劣らず彼の地で善き主人と他の善き仲間に出会うことを E
信じているのだ。多くの人々は信じられないという思いを抱くのだろうが。[95] さて、私

---

90 世俗の徳は、或る快楽を求めるために節制するといった物々交換であるが、哲学者の徳は、つねに「叡智」を通貨のように伴って、それを求めて成立するという意味であろう。

91 「陰絵 skiagraphiā」とは、色の濃淡で陰影をつけて奥行きを出す技法で、本物らしく見せかける「騙し絵」の効果を持っていた。

92 同系統の二語について、「カタルシス katharsis」を浄化の過程、「カタルモス katharmos」を浄化の目標と解する。

93 このオルフェウス教の詩句は六脚韻からなる。バッカス＝ディオニュソス神の信者は狂乱で山野を彷徨し、ナルテクスの杖を携えていた。オルフェウス教は伝説の詩人オルフェウスを始祖とする密儀宗教で、ピュタゴラス派の教えとも一部重なりながら定着していた。

94 この世界を司る神々のこと。

95 底本など多くの校訂者はこの一文を削除するが、そのまま読む。

がこの弁明においてアテナイの裁判員たちに対するよりも、いくらかでもより説得的 (69)
に語れたとしたら、それでよしとしよう。」

三、魂の不死の論証

（一）疑問の提示

一四

ソクラテスがこう語ると、それを受けてケベスが言いました。「ソクラテスさん、ほかのことは私には立派に語られているように思われましたが、魂についての事柄は、人々にまったく信じられないという思いを抱かせるでしょう。魂が肉体から離れる時 70A
にはもはやどこにも存在せず、人間が死ぬその日に壊れて消滅し、肉体から離れるや否や外に出て息や煙のように風で散り散りに飛び去ってしまい[96]、もはやどこにもなにも存在しなくなるのではないかと。確かに、もし魂がどこかに集結し、今あなたが語って下さった諸々の悪から離れてそれ自体で存在するとしたら、ソクラテスさん、あなたが語っておられることが真実だという、大いなる美しい希望があるでしょうが。

しかし、このことには、おそらく少なからぬ励ましと信念が必要でしょう。即ち、人間が死んでも魂は存在し、かつ、なにかの能力、とりわけ思慮を持つのだと。[97]」

「君の言うことは真実だよ、ケベス君」とソクラテスは言いました。「だが、私たちは何をすればよいのか。いや、まさにこういった事柄について語り合おうではないか。[98]

魂にはそうであることが相応しいかどうかを。」

「では私は、あなたがそれらについてどんな考えを抱いておられるのか、お聞きできれば嬉しいです」とケベスは言いました。

ソクラテスは言いました。「今これを聞いた人は、たとえ喜劇詩人であっても、私

B

96　ホメロス『イリアス』第二三巻一〇〇―一〇一などに見られる表現。
97　ケベスが提起する疑問、即ち、死後の魂の存在と能力の保持が、以後の議論の焦点となる。彼が証明をもとめる死後の能力は「フロネーシス」と呼ばれ、弱い意味では「思慮」、究極には「叡智」を指す。その回答は「想起説」で与えられる。
98　「語り合う」と訳した動詞 mythologein は「ミュートス・物語を語る」という意味もあるが、これから証明が始まるため、「ミュートス／ロゴス」の対比は当てはまらない。

が無駄なおしゃべりをくり広げ、不適切な主題をめぐって言論にふけっているなどと 70C
はけっして言わないと思うよ[99]。さあ、必要だと思われるなら、徹底的に考察しなければならない。」

（二）反対のものからの相互生成論

一五

「私たちはこの問題を、次のような仕方で考えてみよう。人間が死を迎えると、その魂は冥府で存在するのか、それともしないのかを問うのだ。

　さて、私たちが記憶する、古くからの言葉がある[100]。曰く、『ここから彼《か》の地に到ってそこにあり、再びこの地に来たりて、死んでいた者たちから生まれる』。そして、もしこの通りなら、つまり、生きている者が死んだ者から生まれるのなら、私たちの
魂は彼の地で存在する、ということ以外であり得ようか。いや、なぜなら、魂がもし D
死後に存在しなかったら、再び生まれるということはあり得なかったろうし、次のことが、その通りだという十分な証拠になるはずだ。もし生きている者が生まれるのは

死んでいる者から以外ではけっしてないということが、本当に明らかになるとしたら。しかし、もしそうでないのなら、別の議論が必要となるだろう。」

「もちろん、そうです」とケベスは言いました。

「それでは、もし君がより容易に理解したいのなら」と彼は言いました。「人間に関してだけこのことを考察するのではなく、動物と植物のすべてに関しても、総じて生成を持つ限りのすべてについて、このように生じるのかを見てみよう。[101] 即ち、反対の

---

99 アリストファネスやエウポリスら、ソクラテスをこう揶揄した喜劇詩人たちが念頭に置かれている。

100 魂が死後冥府に存続することは、ホメロス叙事詩でも語られるギリシア人の死生観であったが、そこから再び生まれるという輪廻転生の思想は、ピュタゴラス派やオルフェウス教など、東方起源の宗教に限られる。ヘロドトス『歴史』第二巻一二三は、この考えをエジプト人に帰している。プラトンでは『メノン』八一A–C、『第七書簡』三三五Aで言及される。

101 この議論は、事物の生成消滅を一般的に考察する中で、人間の生と死を位置づけていく。反対のものを基礎に生成変化を考察する、アリストテレス『自然学』第一巻の先駆になる議論とも言える。

70E ものは反対のものからしか生じない、という論である。反対であるとは、例えば、美が醜に対してどうやら反対であり、正が不正に対して、また他の無数のものがそうである。[102]

では、次のことを見ていこう。なにか反対なものを持つものは、それと反対のもの以外のどこからも生じることはない、ということが必然かどうかを。例えば、より大きなものが生じる場合、以前にはより小さかったものから、後により大きなものになるのが必然ではないか。[103]」

「はい、そうです。」

「それでは、もしより小さいものが生じるのなら、それ以前はより大きかったもの
71A から、後により小さいものが生じるのではないか。」

「その通りです」と彼は言いました。

「さらに、より弱いものはより強いものから生じるのであり、より速いものはより遅いものから生じるのではないか。」

「まったくそうです。」

「ではどうか。もしより悪いものが生じるなら、より善いものからであり、より正

しいものが生じるのは、より不正なものからではないか。」

「もちろんです。」

「それでは、次のことは十分に分かっているね」とソクラテスは言いました。「即ち、すべてのものはこのように、つまり、反対の事物が反対の事物から生じるのであると。[104]」

「無論。」

「では、このことはどうだろう。これらには、なにか次のようなことも成り立つだろう。即ち、反対の関係にあるものはすべて、二つの状態であるので、その間に二つの生成がある。一つは、一方から他方へ、また今度は、他方から逆に一方へと。[105] より

102　ここで反対者は「美／醜」「正／不正」という対概念で導入される。以下の具体的な生成の説明では、「より正しい／より不正な」という比較級が使われる。生成過程では中間の段階、例えば「美しくも醜くもない」があるが、比較級で表現するとすべてが含まれるからである。
103　ギリシア語で「より大きなものが生じる」とは「より大きく**なる**」と同じ表現である。
104　ここで反対関係のある「事物」は、後に一〇三A-Bでイデアとの関係で再規定される。

B

大きなものとより小さなものの間では、増大と減少があり、私たちはそのように一方 (71)
を『増える』と呼び、他方を『減る』と呼ぶのではないか。」

「はい」とケベスは言いました。

「それでは、分解されることと結合されること、冷たくなることと熱くなること、これらすべてもそのようであり、もし或る場合に私たちが名称を使わなくても、少なくとも事実の点ではあらゆる場合でそうあるのが必然ではないか。即ち、それら反対のものは相互から生じ、それぞれのものに相互への生成があるのだ。」

「まったくその通りです」とケベスは言いました。

一六

「ではどうだろう」とソクラテスは言いました。「ちょうど目覚めていることが眠っ
ていることに対して反対であるように、生きていることに反対なものがあるのではな C
いか。」

「もちろん、あります。」

「それは何か。」

「死んでいることです」と彼は言いました。

「それでは、反対のものである限りで、それらは互いから生じるのであり、かつ、二つのものであるそれらの間には、生成が二つあることになる。[106]」

「無論そうです。」

「では、今話した二つの対の一方について、私は君に、その対とその間での二つの生成を話そう」とソクラテスは言いました。「だから、君は私にもう一方の対を言ってくれ。私が言う方は、眠っていること、目覚めていることである。そして、眠っていることから目覚めていることが生じ、かつ、目覚めていることから眠っていることが生じる。そして、それらの間で起こる二つの生成とは、一方は眠り込むこと、他方は目を覚ますことである。[107] 君にはこれで十分かね、どうだろう。」

105 「逆に」生成が起こることから、この議論は「逆生成」とも呼ばれる。

106 これまでで、反対する状態（甲と乙）には、それらの間に、甲から乙へと、乙から甲へ、という二種の生成過程があることが確保された。

107 甲＝眠っている状態、その反対の乙＝目覚めている状態。甲から乙への生成＝目覚める変化、その反対の乙から甲への生成＝眠り込む変化。

D

「まったく結構です。」

「では、君も私に言ってくれ」とソクラテスは言いました。「このように、生と死について、生きていることに対して反対であるのは死んでいることだと、君は言わないか。[108]」

「私はそう言います。」

「それらは互いから生じると言うのだね。」

「はい。」

「それでは、生きているものから生じるのは、何だろう。」

「死んでいるものです」と彼は言いました。

「ではどうか」とソクラテスは言いました。「死んでいるものから生じるのは。」

「生きているものだと同意するのが必然です」と彼は言いました。

「従って、死んでしまっている者たちから、ケベス君、生きている動植物と生きている人間たちが生じるのだね。[109]」

「そう思われます[110]」と彼は言いました。

「従って、私たちの魂は冥府にあるのだ[111]」とソクラテスは言いました。

「そのようです。」

「それでは、これらについての二つの生成のうち、少なくとも一方は、まさに明らかになっているのだ。それが『死ぬこと』であるのは、多分明らかなのだから。違うかね。」

「無論そうです」とケベスは言いました。

するとソクラテスは言いました。「それでは、私たちはどうしたらよいのだろう。反対の生成を対応させずに、[112]この点で自然本性が欠損してしまうのか。それとも、死

108 ソクラテスの定義（六四C）によれば、「死＝魂が肉体から分離している状態」と「生＝魂が肉体と結合している状態」が反対の関係にある。

109 「生・死」が動植物にも同様に語られることは、魂が他の生き物へと転生する論を準備している。『ポリテイア』第一〇巻「エルのミュートス」や『ティマイオス』九〇E-九二C参照。

110 ケベスの応答がここと次の二箇所だけ他より断定の度合いが低いのは、生命に適用した議論の帰結への慎重な態度であろう。

111 生まれる前に死んだ状態の魂が存在することは、「古くからの言葉」（七〇C）に基づけば「冥府にいる」ことを意味する。

ぬことに対して、なにか反対の生成を割り当てるのが必然ではないか。」

「完全にそうです」と彼は言いました。

「それは何だろう。」

「生き返ることです。[113]」

「それでは」とソクラテスは言いました。「生き返るということがあるのなら、死んでしまっている者から生きている者への生成が、それ、即ち、生き返るということではないか。」

「まったく。」

「従って、私たちには、この仕方でも、[114]生きている者から死んでいる者が生じているのと少しも劣らず、死んでいる者から生きている者が生じているということが同意されている。これがそうであれば、死んでいる者の魂がどこかに存在していて、その魂がそこから再び生まれてくることは必然である、その十分な証拠となると思われたのだ。[115]」

「私には、ソクラテスさん、今同意されたことからは、そのようであるのが必然だと思われます」と彼は言いました。

一七

「それでは、ケベス君、私に思われるところでは、私たちは不当に同意したわけでもない。そのことを次の仕方で見てくれたまえ」とソクラテスは言いました。「ちょうど円環を巡るように、もし或る過程が生じるにあたってその都度別の過程に対応することがなく、生成がなにか直線的なものであって一方の状態から正反対の状態にだけ移行して、再び元の状態へ戻ることがなく、折り返しをなすこともなかったとしたら[116]、すべてのものは最後にはみな同じ姿になり、同じ状態になって、生じることをや

B

112 この「対応させる」という語は、「借りた物を返す、借金を返済する」という意味も持つ。

113 「再び生きる」を意味する動詞 anabiōskesthai が適用される。

114 「二種の生成の対応という論理で」のほかに、「この領域でも」ととる解釈もある。

115 この帰結は、七〇C–Dの議論の出発点に応えるものである。「生じる」と訳す動詞 gignesthai は「生まれる」も意味することから、魂が生まれる、つまり肉体と結びついて生者となるという帰結が生まれる。

116 折り返し地点に行き、そこから戻ってくる走者の比喩。

(72) めてしまうだろう。君も分かるだろう。」

「どのようなことをおっしゃっているのですか」と彼は言いました。

「私が言っていることを理解するのは、まったく難しくはない。例えば、もし一方で眠りに陥るということがあり、他方で目覚めることが眠っているものから生じて対応していないとしたら、君も分かるだろうが、すべてのものは最終的にはあのエン C ディミオンもつまらない話だと示すことになる。[117] また、他のすべてのものが彼と同じ状態、つまり眠っている状態にあることになり、彼はなんら目立った存在ではなくなるだろう。そしてまた、もしすべてのものが結び合わされて分離されないとしたら、アナクサゴラスの言った『すべてのものは渾然一体』[118] という状態が直ちに生じていたことだろう。

そういった例と同様に、親愛なるケベス君、もし生きることを分け持つ限りのものがすべて死に、死んだ後には死んでいる者がその姿に留まって再び生き返ることがないとしたら、最終的には万物が死んだ状態になり、何一つ生きていないということになってしまうのが、大いなる必然ではないか。もし生きているものが他のものから生 D じ[119]、他方、生きているものが死んでいくのなら、すべてのものが死んでいる状態へと浪費しつくされない、どんな手立てがあるというのだろう。[120]」

「なんの手立てもないように思われます。ソクラテスさん」とケベスは言いました。

「いや、あなたがおっしゃっているのは、まったく真実だと思われるのです。」

「ケベス君、なににもましてそのようだと私には思われる。そして、私たちは自分たちを騙してまさにこのことに同意しているのではなく、生き返ること、即ち、死んでいる者から生きている者が生じること、そして、死んでいる者どもの魂が存在するということは、本当にその通りなのだ。そして、善き魂にはより善きことが、悪しき

E

117　ギリシア神話では、美少年エンディミオンは、神の計らいで永遠の眠りについている。

118　アナクサゴラス（前五〇〇年頃〜前四二八年頃）はイオニア地方クラゾメナイ出身の自然学者で、アテナイにもしばしば滞在した。『ソクラテスの弁明』二六Dでも言及されるほか、本篇の第二部で主題的に論じられる。断片四DKの一部に「だが、これらのものが分離する以前には、すべてのものは渾然一体であり、一切の色も明瞭ではなかった」とある。

119　「死者以外のもの」と解するが、「他のすべてのもの」で構わないとする解釈もある。

120　もし「死者（＝肉体から切り離された魂）」以外の事物から「生きている者（魂と肉体の結合体）」が生じて死んでいく（肉体から分離する）のなら、結局はその元の素材が尽きて生成が終わってしまうという論理。

魂には悪しきことがあることになる。[121]」

(三) 想起説

一八

それをうけてケベスが言いました。「さらに、あの言論に従っても、もしそれが真理なら、そうなりますね、ソクラテスさん。あなたがしばしば語っておられた説のことです。即ち、私たちにとって学びとはまさに想起にほかならないという説で、これに従えば、私たちが今想い出すことを、私たちはいつか過去の時にどこかで学んでしまっているというのが必然なのです。[122] このことは、もし私たちにとって魂がこの人間の姿に生まれる以前にどこかで存在していたのでなければ、不可能なのです。従って、この点でも魂はどうやら不死のものであるようです。[123]」

「しかし、ケベス君」とシミアスがそれをうけて言いました。「そのこととの論証とは、どのようなものだったか。私に想い出させてくれないか。というのは、今きちんと記憶していないからだ。[124]」

「一つのまことに見事な言論ではこう示される。即ち、だれかが見事に尋ねたならば、尋ねられた人間は自身ですべてのことがどうあるかを語るのだ。[125] だが、もし知識と正しい言論がその人のうちに内在していなかったら、このことはなし得なかっただろう。次に、だれかが幾何学図形や他のこういったものに導いてあげれば、そこでこ B

121 この一行を、底本はじめ現代の多くの校訂者は六三Cに依拠した後世の挿入として削除しているが、写本通りに読む。オリュンピオドロスはこの部分を重視しており、もしその読みを保持すると、生成論に倫理的な帰結が付されていることになる。

122 「あの言論」として言及されるのは、『メノン』で提示された「想起説」で、「学びは想起である」という説であった（八一D-E）。ケベスはすでにソクラテスからこの議論を聞いて知っていることになっているが、これはプラトンが読者に間テクスト的な参照を促すものである。

123 本篇の主題となる「不死 athanatos」という語はここで初めて用いられる。

124 「想起説」自体を想い出すというのは、無論一種のジョークであるが、以下の実例が想起とは何かを想起する実践となる。

125 『メノン』の想起説では「すべてを見て知っている」（八一C）とされる。そこでは奴隷の少年を相手に、幾何学の命題の想起が問答を通じて実演される。

のことがその通りだと、この上もなく明瞭に宣告されるのだ。」(73)

「だが、もしこのやり方で君が説得されないとしたら、シミアス君」とソクラテスは言いました。「次のように考察したら君にも同意できるか、考えてごらん。君は、学びと呼ばれるものが想起であるのはどうしてなのか、信じられないでいるのだろう。」

「私は信じられないのではなく」とシミアスが言いました。「その言論が関わるまさにそのことを経験すること、つまり実際に想起することを必要としているのです[126]。すでにケベスが語ろうと試みたことからも、すでにおおよそは想い出していますし、納得もしています。しかし、あなたが今どのように話そうと試みられるのか、それでもなおお聞きしたいと思うのです。」

「私としては、次のように説明する」とソクラテスは言いました。「もしだれかがな C
にかを想い出すのだとしたら、その人はそのことをいつかそれ以前に知っていたはずだということに、私たちはおそらく同意するね。」

「もちろんです」と彼は言いました。

「では、次のことにも同意するだろうか。知識がなんらかの仕方で生じる場合、それが想起であるということに。どんな仕方かを言おう。それは、次の仕方だ。もしだれかがなにか或るもの〔甲〕を見たり聞いたり、あるいは他の感覚で捉えた場合、ただそれ〔甲〕を認知するだけでなく、別のもの〔乙〕——それ〔乙〕に関わる知識が前のもの〔甲〕の知識と同じではなく、別であるようなもの——も思い浮かべる場合に、それの想念を巡らしたそのもの〔乙〕を想起したのだと言えば、私たちは正しく語ったことになるのではないか。[127]」

「どのようなことをおっしゃっているのでしょう。」

「次のような例ではどうかね。人間についての知識と竪琴についての知識は、きっと別のものだね。」

D

126　この発言は、単に想起の学説を思い出したいのではなく、ここで想起（つまり、イデアの認識）を経験したいという意味であろう。この対話自体が哲学の実践であり、魂の浄化への役割を担っている。

127　「想起 anamnēsis」のこの規定は正確であるが、つづくシミアスの反応にあるように、すぐには理解できない抽象性を持つ。ここで重要なのは、単に別の事物の間で連想するのではなく、それらの「知識 epistēmē」が異なる点である。

「どうしてそうでないことがありましょう。」

「それでは、きみは知っているね。［例一］恋する人たちが、彼らの愛する少年がふだん用いている竪琴や着物や他の持ち物を見ると、このことを経験するのだ。[128] 即ち、彼らは竪琴を認知し、思考のうちにその竪琴の持ち主である愛する少年の姿形を捉えるのではないか。これが想起であり、［例二］ちょうどだれかがシミアスを見てしばしばケベスを想い出すような場合だ。[129] ほかにもこういったことが無数にあるのだろう。」

「ゼウスの神にかけて、無数にあります」とシミアスは言いました。

「それでは、このようなことが、なにか想起というものではないか」とソクラテスは言いました。「とりわけ、時間がかかり、振り返らないでいたためにすでに忘れてしまっている事柄をめぐって、このことを経験する場合が、そうなのではないか。」

「まったくその通りです」と彼は言いました。

「それでは、［例三］描かれた馬や描かれた竪琴を見て、人間を想い出すこともあるのではないか。[130] また、［例四］描かれたシミアスを見てケベスを想起することもあるのでは。」

E

「もちろんです。」

「それでは、［例五］また描かれたシミアスを見て、シミアス自身を想い出すこともあるのではないか。[131]」

「確かにあります」と彼は言いました。

74A

128 例示で語られる恋愛は、古代ギリシアで認められていた少年を対象とした同性愛で、壮年の男性が美少年に恋を寄せる習慣。ソクラテスもかつて美少年アルキビアデスを追いかけていた。

129 例一は、事物から持ち主を連想するという、非類似のものの間で起こる想起であるが、例二は、いつもペアでいる友人、つまり人間から人間を思い出すという、類似物間の例となる。

130 例三で絵画という「像」が持ち出され、例一の応用として、その事物と持ち主自身という非類似物の間での想起が語られる。

131 例四は像を用いた例二の応用であり、それらを通じて示されるのが例五である。ここで「シミアスの像」と「シミアス自身」が想起の関係にあることが確認されるため、両者は別の知識に属することが帰結する。像と実物では認識状態が異なるという見方は、それらを扱うのは同一の知識だとする私たちの常識的な見方に反するが、イデア論の鍵となる基本命題である。イデア論では「イデア＝実物それ自体／感覚物＝その像」となる。

一九

「では、これらすべての例に即して言えば、想起は、似たものから始まるか、似ていないものから始まるということになるね。[132]」

「そうなります。」

「では、だれかが似たもの〔甲〕からなにか〔乙〕を想い出す時には、次のようなことを合わせて経験するのではないか。即ち、このもの〔甲〕が、想起される彼《か》のもの〔乙〕に類似性に関してなにか欠けるところがあるかどうか、心に想うということが。[133]」

「それは必然です」と彼は言いました。

「では、考えてみたまえ」とソクラテスは言いました。「このことがその通りかを。私たちはどこかに等しいものがあると言うね。私が言っているのは、木材が木材に、石材が石材に等しいとか、他のこういったもののことではなく、これらすべてとは別にある[134]なにか別のもの、つまり等しさそれ自体のことだ。[135]私たちは、なにかそういったものが真にあると言おうか、それとも、ないと言おうか。」

B 「ゼウスの神にかけて、あると言いましょう」とシミアスは言いました。「驚くべき確かさで。」

「そして、私たちは、まさに等しいものである実在それ自体を知っているのか。[136]」

「もちろんです。」

「私たちは、これの知識をどこから捉えたのか。それは、私たちが今しがた語ったもの、つまり、木材や石材や他のこういった等しいものを見て、これらから彼《か》のもの、

---

132 五つの例は、非類似からの想起（例一、三）と類似からの想起（例二、四、五）に分けられるが、今後の考察は基本的に類似からの想起として論じられる。

133 ここで初めて提起される「欠如」という契機が、イデアと感覚物の存在論的差異を表す。例三から五にあった「像」は、実物の持つ要素のごく一部を持つに過ぎず、つねに欠如の状態にある。

134 「別にpara」は、感覚物と切り離してイデアがある様を示す表現。

135 「等しさ」のイデアのこと。本篇で二度目のイデア論の登場となる。

136 この「私たち」が、人間一般を指すのか、ソクラテスらイデアを理解する「哲学者」に限られるのかで論争がある。前者の場合、想起は人間が日常で遂行する認識営為となり、後者の場合、想起は哲学の訓練をつむ者が次第に真理に近づく過程となる。

(74) つまり、これらとは異なって真にある等しさを心に思ったのではなかったか。それとも、君には異なったものには見えなかったかね。

では、次の仕方でも考えてくれ。等しい石材や木材が、同じものでありながら、時には、或る人には等しいものであると現れるが、別の人にはそうでなく現れることがあるのではないか。[137]」

「その通りです。」

「ではどうか。等しいものどもがそれ自体として[138]等しくないものとして君に現れたことがあったろうか。あるいは、等しさが不等性として現れたことはあるかね。」 C

「一度もありません。ソクラテスさん。」

「それでは、これら等しいものどもと、等しさそれ自体は、同じではないのだ」とソクラテスは言いました。

「けっして同じではないと、私には思われます。ソクラテスさん。」

「しかしながら、これら等しいものどもは彼《か》の等しいものとは異なっているが、それにもかかわらず、君はこれらのものからその等しさそれ自体の知識を心に思い、把握していたのだ。」

「あなたが語っておられるのは、まったくの真実です」と彼は言いました。

「それでは、彼のものはこれらと似ているか、似ていないかのどちらかだ。」

「無論そうです。」

「いや、別に違いはない」とソクラテスは言いました。「君が一方を見てその視覚から他方を心に思う限りで、それが似たものであっても似ていないものであっても、必然的にこれが想起となっているのだ。[139]」

「その通りです。」

「それではどうか」とソクラテスは言いました。「木材や、今しがた私たちが語った等しいものどもの場合では、なにか次のようなことを経験するのではないか。即ち、

D

137 この箇所の解釈は【補注五】参照。

138 イデアであれば単数であるはずなので、この複数形には多くの議論がある。「等しい」のは比較される二つの対象であるが、それらが有する「等しい」という性質が「それ自体」として切り離された場合、けっして反対の性格を帯びることはないという議論であろう。

139 一旦持ち出された類似・非類似の区別がここで棚上げにされるのは、イデアと感覚物の関係では単純にどちらか一方ではなく、類似性と非類似性が絡み合っているからであろう。

等しい事物は、まさに等しいものそれ自体と同様に等しいのであると、私たちには思われるのか。それとも、等しいもののようであるというその点で、彼《か》のものになにか欠けるのではないか。それとも、何も欠けないだろうか。」

「大いに欠けるところがあります」と、シミアスは言いました。

「それでは、私たちはこう同意するのではないか。人が或るものを見て、こう心に思った場合に。つまり、今私が見ているこのものは、真にあるなにかのようにあることを望みながら、欠けるところがあって、彼《か》のもののようにあることは出来ず、より劣ったものでしかないのだと。140 そう心に思った人には、彼のもの、即ち、このものがそれに似ているがより不完全であるというあれをあらかじめ知っていたということが必然ではないか。」

「必然です。」

「ではどうか。私たちも、等しいものどもと等しさそれ自体について、そのようなことを経験しているのではないか。」

「たしかにそうです。」

「従って、私たちは等しさを、あの時より前に予め知っていたのが必然である。つ

E

(74)

まり、最初に等しいものどもを見て、これらすべてが等しさでありたいと欲求しているが、より欠けたものであると、私たちが心に思ったその時より以前に。[141]」

「その通りです。」

「さらに、私たちは次のことにも同意する。即ち、見ることや触れることや他の感覚以外のどこからも彼のものを心に思ったことはないし、また思うことも不可能だということだ。[142] これらすべての感覚で、同じことだと私は言うのだが。」

「同じです、ソクラテスさん。言論が明らかにしようとしている点に関しては。」

「しかし、少なくとも諸々の感覚から、私たちは感覚におけるすべてのことが、ま

75A

140　感覚物の欠如状態は「望む、欲求する、熱望する」という語彙で説明される。『饗宴』の「エロース」、アリストテレス『形而上学』第一二巻の「不動の動者」につながる考え方である。

141　ここで登場する「感覚する以前」という点は、肉体に生まれつく以前の知識の所有という論点を導く。

142　イデアは「感覚から」想起されるというこの論点は、『パイドン』においても肉体の感覚が積極的に位置づけられている側面を示す。

さに等しいものである彼のものを欲求しているが、それにはより欠けるところがある 75B
ということを心に思うはずではないか。それとも、私たちはどう言おうか。」

「そう言います。」

「それでは、私たちが見たり聞いたり他の感覚を発揮し始める前に、等しさそれ自体について、それが何であるかという知識をどこかで獲得していなければならないことになる。もし私たちが、感覚に由来する等しいものどもを彼の場所へと遡らせようとするのなら。即ち、このようなものすべては彼のもののようでありたいと熱望しているが、それより劣ると考えるとしたら。」

「以前に語られたことから、必然です。ソクラテスさん。」

「それでは、生まれるとすぐに、私たちは見たり聞いたりし、他の感覚を持っていたのだね。」

「もちろんです。」

「しかし、感覚する前に、等しさの知識を獲得していなければならなかったと、私 C
たちは主張する。」

「はい。」

「従って、どうやら、その知識を獲得したのが生まれる以前であったことは、私たちにとって必然だ。[143]」
「そのようです。」

二〇

「それでは、もし私たちが、生まれる以前にその知識を獲得して、それを持って生まれてきたのだとしたら、生まれる以前にも生まれてすぐにも、等しいとか大きいとか小さいとかだけでなく、そういったすべてのことについても知識を持っていたことになる。そう言うのは、私たちの今の議論は、等しさだけでなく、むしろ美しさそれ自体や、善さや正しさや敬虔さそれ自体にも関わり、まさに私が語っているもの、つまり、私たちが問う時には問いにおいて、答える時には答えにおいて、それらに『真にそれであるそれ自体』と刻印を押すすべてのものに関わるからだ。[144] それゆえ、私た

D

143 人間が生まれるとは、魂が肉体と結合すること。生まれる以前に知識が得られていたとすると、魂が肉体とは別に存在していた証拠となる。

ちにとって、これらすべてのものの知識は、生まれる以前に獲得していたというのが必然である。」

「その通りです。」

「そして、一方で、もしそれを獲得したがその都度忘れてしまっていることがなかったとしたら、私たちはいつも知りながら生まれてきて、一生を通じてつねに知っているのが必然である。知っているとは、なにかの知識を獲得してそれを持っており、失ってはいないことを意味するのだから。いや、このこと、つまり知識の喪失を、シミアス君、忘却と呼ぶのではないか。」

「まったくその通りです、ソクラテスさん」とシミアスは言いました。

E

「では、思うに、他方で、もし私たちが生まれる前に少なくとも知識を獲得していたが生まれる際に失ってしまい、後で諸感覚を用いてそれらについて以前にも所持していたあの知識を再獲得するのだとしたら、私たちが『学ぶ』と呼んでいることは、自分の本来の知識を再び得ることなのではないか。きっと、これを『想起する』と言うのが、正当な言い方ではないか。[145]」

「無論そうです。」

「いや、このことは可能だと明らかになっていた。[146] 即ち、見たり聞いたりなにか他の感覚を得てなにかを感覚し、その感覚したものから、忘れてしまっていた別のなにかを思い浮かべることだ。その感覚したものが忘却していたものに似ていないものとして近づくにせよ、似たものとして近づくにせよ。その結果、私がまさに言っているように、二つの選択肢のうちのどちらかなのだ。即ち、私たちはそれらを知って生まれてきていて、すべての人が一生を通じて知識のある状態にいるのか、それとも『学ぶ』と私たちが言う人々は、生まれた後でそれらを想い出す人にほかならず、『学び』とは『想起』であるという、そのどちらかである。」

76A

144　イデアとは、哲学の対話において「何であるか」を問い、それに対して「まさにこれである」と答える営みで明らかにされる対象である。

145　七五Cから三つの「もし」という条件節が語られるが、最初の条件は、生前に知識を持っていたことを示す。つづく二つの条件は対照的に、一方は、生まれてもそれ以前と変わらず知識を持ち続けている場合の不合理を、他方は、生まれた瞬間に喪失する可能性を提示している。

146　七三Cで提示。

「いや確かに、その通りです、ソクラテスさん。」

二一

「それでは、シミアス君、君はどちらを選ぶかね。私たちは知識を持った状態のまま生まれてくるのか、それとも以前に知識を獲得していたその対象を、後で想い出すのかね。」

「ソクラテスさん。私は今選ぶことができません。[147]」

「ではどうだろう。次のことなら選べるだろうか。これについて君にはどう思われるかね。知識を有する対象について、知識を持っている人は説明を与えることができるのではないか。[148] 違うかね。」

「まったく必然です。ソクラテスさん」とシミアスは言いました。

「君には、先ほど私たちが語ったことについて、すべての人が説明を与えることができると思われるかね。[149]」

「もちろんそれを望みます。ソクラテスさん」とシミアスは言いました。「ですが、むしろ、このことを相応しい仕方で為すことが出来る人間が、明日のこの時間にはも

B

(76)

はや一人もいなくなってしまうのではないかと、はるかに一層恐れているのです。[150]」

「それでは、君にはすべての人がそれらを知っているとは思われないのだね、シミアス君」とソクラテスは言いました。 C
「けっして思いません。」

「従って、人々はかつて学んだものを想い出すのではないか。」

「必然です。」

「いつ、私たちの魂はそれらのことの知識を獲得したのだろう。それは、私たちが人間として生まれてきてからではないのだから。」

「まったくそうではありません。」

「それでは、それ以前だ。」

147 賢いシミアスがなぜ即答できなかったのか、その理由を考えてもらいたい。
148 「説明を与える＝言論（ロゴス）を与える」能力は、知識を持つことの必要条件である。『ゴルギアス』四六五A参照。
149 イデアについての議論を指す。七八C－Dも参照。
150 ソクラテスが死ぬと、事柄に適切に言論を与える人物がだれもいなくなるという危惧。

「はい。」

「従って、シミアス君、私たちの魂は人間の姿に宿る以前にも存在していたのだ。肉体から離れて、しかも思慮を持った仕方でね。[151]」

「ですが、ソクラテスさん、それはもし生まれると同時にこれらの知識を獲得したのでなければ、の話です。と言いますのは、まだその時が残っているからです。」

「よろしい、友よ。だが、私たちはその知識をほかのどんな時に失うのだろうか。たった今同意したように、私たちはそれを持ったまま生まれてくるのではないのだからね。それとも、私たちがそれを獲得するまさにその瞬間に失うのだろうか。それとも、君はなにか別の時を言うことができるかね。」

「いいえ、けっして言うことはできません、ソクラテスさん。私自身気づかずに、無意味なことを言ってしまいました。」

二二

「では、シミアス君」とソクラテスは言いました。「私たちにとって事態はこうではないか。もし私たちがいつもくり返しているもの、つまり、美や善やこういった実在

D

(76)

がすべてあるとしたら、そして、私たちが感覚に由来するもののすべてを彼《か》のものに遡らせながら、その時にそれが以前にすでに私たちの知識の対象として実在している のを発見しつつ、これらを彼のものの像であると比較し認識するのだとしたら[152]、これらイデアも実在するように、そのように私たちの魂も私たちが生まれる以前から存在していたというのが必然なのである。反対に、もしこれらイデアが実在しないとしたら、この言論は虚しく語られていたことになろう。つまり、こうではないか。それらが存在するということと、私たちの魂が私たちの生まれる以前にも存在していたということは、等しい必然性にあるのではないか。そしてもし前のことがなければ、後のこともないのではないか[153]。」

「驚くべきほど、ソクラテスさん」とシミアスは言いました。「同じ必然性があるのだと私には思われます。こうして、言論は美しい場所に逃げ込んでいます[154]。つまり、

E

151　この結論は、ケベスの七〇Bでの問題提起に直接答える形をとっている。

152　ここで語られるイデア遡求の過程には、感覚物がイデアにどう似ているかを比べる認識が含まれる。

77A 生まれる以前の私たちの魂と、あなたが今語られた実在が、似た仕方で、真にあると[155]
いう所へです。私には、このことほど明らかなことは、なにもありません。つまり、
美や善や今しがたあなたがおっしゃったものすべてが、できるかぎり最大限にあると
いうことです。そして私には、このことは十分に証明されていると思われます。」
「では、ケベス君にはどうかね」とソクラテスは言いました。「ケベス君を説得する
ことも必要だからね。」
シミアスは言いました。「十分だろうと、私は思います。いや、言論を信じないと
いう点に関しては、彼ほど頑固な人間はいません。ですが、この点では、彼が説得さ
れ信じるのに不足があるとは、私には思われません。即ち、私たちが生まれる以前に、
私たちの魂が存在していたという点です。」

二三

B 「しかしながら、私たちが死んだ時にもなお魂が存在するかどうかは、証明されて
いないように、私自身にも思われます。ソクラテスさん」とシミアスは言いました。
「いや、ケベスが先ほど述べた問題が、まだ立ちはだかっています。それは多くの

人々の考えですが、人間が死ぬと同時に魂は散り散りになってしまい、それが魂にとってあることの終わりではないか、という懸念です。[156] 実際、魂が生まれる前、つまり、人間の肉体に入る前になにか別のものから構成されて存在していても、この肉体にやってきてそこから離れ去る時、その時に魂も終わりを迎えて消滅してしまうことに、何の支障があるでしょうか。」

「よく言ってくれた、シミアス君」とケベスは言いました。「そう、必要なことの半 C
分、即ち、私たちが生まれる以前に私たちの魂があったということしか証明されていないように見えるのです。それに加えて、私たちが死んだ後でも、生まれる以前にす

153 イデアの存在と生前の魂の存在は対をなし、同等の必然性で結ばれている。これが『パイドン』のイデア論の柱になる。

154 「美しい場所に逃げ込む」という表現には、言論の狩りという比喩、あるいは、航海で安全な港に避難するという比喩といった解釈が提案されている。

155 ここで示唆される「似た仕方である」ことが、次の「類似性による議論」につながる。

156 七〇Aでケベスが表明した疑問。「想起説」は直接には生前の魂の存在と能力についてだけを証明し、死後の存続については扱っていなかった。

こしも劣らず魂があることを、さらに証明する必要があります。もしこの証明が完了しようとするのなら。」 (77)

「いや、シミアス君にケベス君、今でもすでに証明されているのだ」とソクラテスは言いました。「もし君たちがこの議論と、その前に同意したこと、つまり、生きているものはすべて死んでいるものから生じるということを、同じ一つの議論に結びつけるつもりがあればね。もし一方で、魂が以前にもあり、他方で魂にとって生きること D
へと赴いてかつ生まれるには、死、つまり死んでいる状態から以外のどこからも生じないのが必然だとしたら、どうして死んだ後にも魂があることが必然でないことがあろうか。実際、魂は再び生まれるはずなのだから。それゆえ、君たちが言っている点は、今でももう証明されているのだ[157]。」

二四

「しかしながら、君とシミアス君は、この議論をより一層喜んでやり通すつもりだろうが、また、子供たちのような恐れを抱いているようにも、私には思われる。即ち、魂が肉体から出たら、文字通りに風がそれを吹きとばして散り散りにしてしまうのではないか。とりわけ、ひとが風の凪《な》いだ日にではなく、たまたま強風[158]の時にでも死んだとしたら、などと恐れてね。」 E

すると、ケベスが賛同の笑みを浮かべながら言いました。「ソクラテスさん。私たちをそのような恐れを抱く者として、どうか説得してみて下さい。いやむしろ、私たちが恐れているというよりも、おそらく私たちの内になにかこのような恐怖を抱く子供でもいるのでしょう。[159]それで、この子がお化けを怖がるように死を恐れることがないように、説得して考えを変えさせて下さい。」

「それでは、その子には毎日呪《まじな》いの歌をうたってあげる必要があるね[160]」とソクラテスは言いました。「君たちが呪いでそれを退散させるまでは。」

---

157 想起説が持つ半面的な効力は、「反対のものからの相互生成」の議論と組み合わされることで全面的となる。その場合、これら二つの論証は独立ではなく、相補的と言える。

158 「風」は「プネウマ」という語で、生き物の息も意味する。

159 「私たちの内なる子供」は、魂の非理性的で感情的な部分を指す。それが抱く漠然とした「恐れ、反発」を理性の「呪い歌」が長い時間をかけて宥めることが、ここでの議論の役割となる。

78A 「ですが、ソクラテスさん。どこから、そのようなことに優れた歌い手を連れてきましょうか。あなたがわれわれを残して行ってしまわれたら[161]」とケベスは言いました。

「ケベス君」とソクラテスは言いました。「このギリシアは広いので優れた人たちはどこかにいるだろうし、異国人の種族もたくさんいる。君たちはそのような呪い歌の歌い手を探して、あらゆる人の元を訪ねなければならない。金銭や労苦を惜しまずにね。君たちがこれ以上に時宜に適って金銭を使える目的はないのだから。だが、君たち自身、互いの間でも探し求めなければならない。おそらく君たちよりもよくこのことを為し得る人を見出すのは、容易ではないだろうからね[162]。」

「いやまあ、このことはそうだとしておきましょう」とケベスが言いました。「です
B が、私たちが残してきた問題に戻りましょう。もしあなたに喜んでいただけるのなら。」

「いや、私は喜んでそうするよ。どうしてしないことがあろう。」

「立派におっしゃいました」とケベスは言いました。

（四）類似性による議論

二五

「それでは、私たちはなにか次のようなことを、私たち自身お互いに問いかけるべきではないか」とソクラテスは言いました。「一体どのようなものに、この状態、即ち、散り散りになることを被るのが相応しいのか。そして、どのようなもののために、これを被るのではないかと恐れるのが相応しいのか。また、どのようなものには相応しくないのか。そして、その後で今度は、魂がどちらにあたるのかを考察しなければならない。そして、これらのことから、私たちの魂のために恐れを抱くべきか、恐れずに臨むべきかを考察する必要がある。」

160　「呪い歌」については、一一四Dとその注を参照。

161　先ほど七六Bではシミアスがソクラテスの死を思う言葉を述べていた。ここではケベスが同種の発言をするが、ともに哲学の言論を導く者としてのソクラテスを惜しんでいる。

162　ソクラテスの対話と哲学を引き継ぐ者が、若い仲間から出ることへの期待。

(78)
「真実をおっしゃっています」とケベスは言いました。

「では、合成されたものや自然本性上での合成体は、次の状態を被ること、即ち、 C
合成されたのと同じ仕方で分解されるのが相応しいのではないか。他方で、もしなにか非合成的なものであれば、それだけはこんな状態を被らないのが相応しいのだね。なにかそういったものがあればだが。」

「私には、その通りだと思われます」とケベスは言いました。

「それでは、つねに同じものに即したあり方をし、同様の仕方であるものは、[163]非合成的なものであるのがとりわけ当然であり、その時々で異なるあり方をしていてけっして同じものに即したあり方をしないものは、合成されたものであるのが当然ではないか。[164]」

「私にはその通りだと思われます。」

「では、先ほどの議論で赴いたのとまさに同じものへと進んでみよう。[165]私たちが問い答えながら、『ある』ことの言論を与えていくその実在それ自体は、[166]つねに同じ仕 D
方で同じものに即したあり方をするのか、それとも、その時々に異なった仕方でいるのか。等しさそれ自体、美しさそれ自体、また、真にそれぞれであるものそれ自体、つまり、実在は、どんなものであれ変化を受け入れることが、まさか、あるだろうか。いやむしろ、つねに真にある実在のそれぞれは、それ自体で単一な相であり、同じ仕方で同じものに即したあり方をし、どんな時でもどこでもどんな仕方でも、どんな変様をも受け入れないのではないか。」

「同じ仕方で、同じものに即したあり方をすることが必然です。ソクラテスさん」とケベスは言いました。

「他方で、多くの美しいものども、例えば、人間や馬や服や、他のなにかそういっ E

163 「同じものに即したあり方をする kata t'auta echein」と「同様の仕方である hōsautōs echein」は、前者がなにかの基準に即した同一性を、後者が状態としての同一性を示す、プラトンの半ば術語的な言い方である。

164 「つねに同一でありつづけるもの」と「けっして同一でないもの」が対比されるが、それらは矛盾の関係ではない。論理的には、時に同一であったりなかったりするものがあるが、ここでは二つの極が示され、どちらに近いかが論じられる。

165 想起説の七五Dで語られたイデアを指す。

166 イデアが初出した六五D-Eも参照。

たものどもはどうか。あるいは、等しいものどもや、[167]彼《か》のものと名を同じくするすべてのものは[168]どうか。それらは同じものに即したあり方をするのか。いや、彼のものどもとは正反対に、それらは自身に対しても互いに対しても、いかなる時も、いわばどんな仕方でも同じものに即したあり方はしないのではないか。」

「このこともその通りです」とケベスは言いました。「どんな時も同じ仕方でいることはありません。」

「それでは、君は、それらのものに触れたり、見たり、他の感覚によって感覚することができるだろうか。他方で、同じものに即したあり方をするものの方は、思考の推論による以外にそれを捉える手段はないのではないか。むしろ、このようなものは不可視であり、[169]見えるものではないのではないか。」

「まったく、あなたのおっしゃることは真実です」と彼は言いました。

二六

「では、私たちは、あるものどもについて二つの種類を立てようか。見えるものと、不可視なものを。[170]」

「そう措定しましょう」と彼は言いました。

「そして、見えないものは、つねに同じものに即したあり方をし、他方で見えるものは、けっして同じものに即したあり方はしないのだ。」

「それも、そう措定しましょう」と彼は言いました。

「ではどうか」とソクラテスは言いました。「私たち自身には、一方で肉体、他方で B
魂があるのではないか。[171]」

---

167 底本に従い、写本でここにある「美しい kalōn」の語を削除する。

168 多くの事物はイデアに対して「名を同じくする homōnymos」関係にあると語られる。この用語はアリストテレスによって「同名異義」として論じられる（『カテゴリー論』第一章）。

169 底本に従い「不可視 aidē」と読む。B写本の読みでは「形をもたない aeidē」となるが、その後の議論には合わない。

170 これまでの前提に立って、ここから類似性による第一議論が始まる。「あるものども ta onta」という表現は、直前に議論された「あるものそれ自体」と「多くのものども」をカバーする緩やかな表現であり、真に「ある」のは前者だけである。

171 この文を、「魂と肉体以外に要素があるか」という問いに読む提案もあるが、文脈的に意味をなさないと考え、通常の読み方にする。

「その通りです」と彼は言いました。

「では、肉体は、どちらの種類とより似ており、より同族だと私たちは言おうか。[172]」

「それは万人に明らかです。見えるものに似ていることは。」

「では、魂はどうかね。見えるものか、それとも不可視のものか。」

「人間によっては見えません、ソクラテスさん。」

「だが、少なくとも私たちは、見えるか見えないかを、人間の本性《ほんせい》に関して語っていたのではないか。[173]それとも、他の何かについてだと、君に思われるかね。」

「人間の本性に関してです。」

「では、魂について私たちはどう言おうか。見えるものかね、見えないものかね。」

「見えるものではありません。」

「従って、不可視なのだ。」

「はい。」

「従って、魂は肉体よりも不可視のものにより似ているのであり、他方、肉体は見えるものに似ている。」

「まったく必然です、ソクラテスさん。」

二七

「それでは、[174]このことは以前にも話したのだが、[175]魂は、見たり聞いたり他の感覚を通じて考察するために肉体を合わせて用いる時——感覚を通じてなにかを考察するのは、肉体を通じてなのだから[176]——その時、魂は肉体によって、けっして同じものに即したあり方をしないものへと引きずられ、魂は彷徨《さまよ》いかき乱されて、あたかも酩酊していえるように目眩《めまい》を起こすのではないか。そのようなものと接触するがゆえに。」 C

172　ここで「似ている、同族である」という論点が登場する。なにかがなにかに似ているかどうかは、観点や限定によってそうでないとも言えることから、一般に論証としての効果は少ないと考えられる。プラトンのここでの意図は、厳密な論証を与えること以外にあった。

173　この限定は重要である。プラトンの「イデア」は肉体に対しては不可視性で特徴づけられるが、魂の目、即ち知性によっては見られる（『ポリテイア』第六–七巻参照）。

174　ここから類似性による第二議論が始まる。

175　六五A以下の議論を指す。

176　感覚する主体である魂が、目など感覚器官、つまり肉体を通じて見たり感覚したりする。

「もちろんです。」 (79)

「他方、魂がそれ自体で考察をする時に、彼《か》のもののところへ、即ち、純粋でつね D
に真にあり、不死で同じ仕方であるものへと赴き、そうして魂がそれ自体となってそれと共にあることが許された時、それと同族であるのでつねに彼のものと共にいて彷徨うことを止め、彼のものどもと関わりながらつねに同じものに即して同じあり方をする。それは、そういったものと接触するからなのだ。そして、魂のこの状態が『叡智』と呼ばれているのではないか。[177]」

「まったく見事に、また真実を、ソクラテスさん、あなたは語っておられます」とケベスは言いました。

「ではまた、以前に語られたことからも今語られたことからも、[178]魂はどちらの種類 E
により似ており、より同族的であると君に思われるかね。」

「どんな人でも、この探究の道に従えば、[179]合意するように私には思われます、ソクラテスさん。どんなに物わかりの悪い人でもね」とケベスは言いました。「即ち、全体として、またあらゆる点で、魂は、つねに同じあり方をするものに、そうでないものよりも、より似ているのです。」

「では、肉体の方はどうか。」
「もう一方に、より似ています。」

二八

「では、次のようにも見てくれたまえ。[180] 即ち、魂と肉体が同一のもののうちにある時、[181] 自然は一方には奉仕し支配されることを、他方には支配し主人となることを命じる。この観点でもまた、君にはどちらが神的なものに似ており、どちらが死すべきものに似ていると思われるだろうか。それとも、君には、神的なものは支配し指導するように、他方、死すべきものは支配され奉仕するように生まれついていると思われな

80A

177 「叡智」については、六五Aと注61、六六A、E、六八Aを参照。
178 第一議論、および第二議論からの帰結。
179 「探究の道 methodos」は後に「方法」と訳される語で、ここでは狩猟の比喩が込められる。
180 ここから短い第三議論が与えられる。支配と被支配という従属関係を用いるこの議論は、後にシミアスの反論を退けるにあたり重要な論点となる（九四B–E）。
181 例えば、人間という結合体にある場合。

いかね。」

「私にはそう思われます。」

「では、魂はどちらに似ているだろうか。」

「明らかに、ソクラテスさん、魂は神的なものに、肉体は死すべきものに似ています。」

「では、ケベス君」とソクラテスは言いました。「今語られたすべてのことから、[182]次のことが私たちに結論として出てくるか、考えてくれ。一方で、神的で不死で知性的なもので、単一な相をなし、分解不可能で、つねに同じ仕方で同じものに即したあり方をするもの、そのもの自体にもっとも似ているのは魂である。他方で、人間的で死すべきものであって、多くの相からなり非知性的で分解可能で、けっして同じものに即したあり方をすることがないもの、そのもの自体にもっとも似ているのは、今度は肉体である。[183]これら以外のなにか別のことを、私たちは言えるだろうか、親愛なるケベス君。どうすればこうではないと言えるだろう。」

「いいえ、言うことはできません。」

B

(80)

四、魂の死後の定め

二九

「ではどうだろう。これがその通りだとしたら、肉体には速やかに分解されることが相応しく、他方で魂には、今度はまったく分解しないこと、あるいはなにかそれに近いものであることが相応しいのではないか。」

「どうしてそうでないことがありましょう。」

「それでは、君はこう思わないかね」とソクラテスは言いました。「人間が死ぬと、その人のうち目に見えるもの、即ち、肉体は、目に見えるもののうちに横たわっても

C

---

182 これまでの三つの議論のこと。

183 ここで議論の結論として、「神的／人間的、不死／死すべき、知性的／非知性的、単一な相／多くの相、分解不可能／分解可能、つねに同一のあり方／つねに非同一」という六つの対比が語られ、「魂／肉体」に重ねられた。「知性的」とは、知性の対象という意味と、それ自体が知性を備えるという意味との両義を持つ。

(80) いる。私たちが屍体と呼ぶそれは、分解され粉々になり、吹き飛ばされるのが相応し
いものだが、こういったことをすぐには被らず、かなり長い時間そのままで留まって
いる。もし肉体が良好な状態のまま、花盛りの時期に亡くなる場合にはとりわけそう
なのだ。[184] いや、エジプトのミイラが人工処理で保存されるように、[185] 肉体が干涸びさせ
られるなら、ほとんどその全体が驚くほど長い時間留まっている。また、たとえ腐敗
D してしまっても、肉体のいくつかの部分、骨や腱やそういった部分はすべて、それに
もかかわらず、いわば不死の状態にあるのだ。違うかね。」

「いえ、その通りです。」

「では他方、魂は不可視なものなので、そのように目に見えない別の場所、高貴で
清浄で不可視なる場所、つまり文字通りハーデースである冥府に赴き、[186] 優れた思慮あ
る神のもとへと達する。そこは、神が望まれるなら、私の魂もすぐに行かねばならな
い場所なのだ。では一体、本来このようである私たちの魂は、それ自体として、肉体
から離れると、多くの人間たちが言うように、すぐに散り散りに吹き飛ばされて消滅
してしまうのか。

E とんでもない、親愛なるケベス君にシミアス君。そんなことはなく、事態ははるか

にむしろ次のようなものだ。即ち、もし魂が清浄な状態で肉体から離れ、肉体のいっさいを引きずっていくことがなければ——それは、生きている間にけっして進んで肉体と関わることがなかったからだが——そして、もし魂が肉体を逃れ、それ自身へと集結しながら肉体から離れたら——つねにまさにこれを練習してきたからだが——、その場合にまさに魂は、正しく知を愛し求めていて、本当にやすやすと死んでいるあり方を練習していることになる。いや、これこそが死の練習ではないだろうか。」

「まったくその通りです。」

「それでは、魂はこうである以上、自身に似たもの[187]、即ち、不可視のもの、神的で

184 「季節 hōra」という語を「この季節」ではなく、「若さの盛期」と理解する。若くしっかりした肉体は死んでも腐敗しにくい、という観察による。この解釈に対しては、老年での屍体の方が腐敗しにくいという反論もある。
185 エジプトで死者がミイラにされる様子は、ヘロドトス『歴史』第二巻八五―九〇が詳しく紹介している。
186 ここでは「冥府 Hāidēs」と「不可視 aidēs」との通俗的な語源連想が使われている。『クラテュロス』四〇四Bでは、その語源説は否定されている。

不死で思慮あるものへと去っていく。そこに到れば、魂には、彷徨や愚かさや恐怖や (81)
野蛮な愛欲や他の人間的な諸悪から解放されて幸福であることが許されており、ちょ
うど秘儀に与る人々について語られるように、文字通り残りの時間を[188]神々と共に過ご
すことになるのではないか。私たちはそう主張しようか、ケベス君。それとも、別の
ように言おうか。」

三〇

「ゼウスの神にかけて、そう主張しましょう」とケベスは言いました。
「他方で、思うに、もし魂が穢れて不浄な状態で肉体から離れるとしたらどうだろ B
う。つまり、つねに肉体と共にいてその世話をしながら愛欲を寄せ、その肉体によっ
て、つまり欲望や快楽によって幻惑されてしまって、[189]その結果、肉体的で物体的なも
の、[190]つまり触れたり見たり飲んだり食べたり性欲のために用いたりするもの以外は何
一つ真ではないと思いこむ状態だ。他方で、暗くて目には見えないが、知性の対象で
知への愛によって捉えられるもの、それを魂が嫌悪し震えて逃げる習性になっている
状態だ。もし魂がこんな状態にあったら、君は魂がそれ自体で清浄なまま離れるだろ C

うと思うかね。」

「けっして、そんなことはありません」とケベスは言いました。

「いや思うに、その魂は肉体的なもので浸潤されてしまっており、[191] 肉体との交わりや共生が、いつも一緒に過ごしてたくさん練習することで、[192] その肉体的なものを魂に固着させてしまったのだ。」

187　「似たもの」という表現が使われることで、類似性による議論が、魂がより神的なものに似ることを目指すという「哲学＝浄化」のために為されていたことが分かる。

188　「文字通り」とは、生きている間の「残りの時間」ではなく、それを超える全生涯。

189　写本の読みは現在形と現在完了形で二分されているが、底本と異なり、現在完了形で読む。

190　ギリシア語の「ソーマ sōma」は「肉体」と同時に「物体」の意味を持つ。ラテン語の corpus、英語の body も同様である。

191　この表現は、レスリングで「しっかりと抱え込まれる」という解釈もあるが、異なった色や二種の物質などが内部で混じり合うという意味に解する。ここでの議論では、死ぬと魂から分かれる「肉体」とは別に、魂に「肉体的なもの」が浸透して死後もその悪影響を受ける様子が語られている。

192　直前に語られた「死の練習」（八一A）と対照される。

「まったくそうです。」

「重荷なのだよ、友よ。つまり、重く土のような性質で、目に見えるものだと考え
なければならない。それを所有することで、そんな魂は重くされ、見えざるもの《アーデース》と
冥府《ハーデース》を恐れて、目に見える場所へと再び引き戻され、一般に言われているように、
墓碑や墓場の周りをうろついている。そこでは、なにか魂の影のような幻がその周り D
で実際に目撃されてもいる。そのようなものは、清浄ではない状態で離別し、目に見
えるものを分け持つような魂が見せる影像であり、それゆえに目に見えてしまうの
だ。」

「それはありそうなことです、[193]ソクラテスさん。」

「確かにありそうなのだ、ケベス君。そしてそれは、善き人々の魂それ自体ではな
く、劣悪な人々の魂である。その魂は、生前の過ごし方が悪かったため、その償いを
するためにこんなものの周りを彷徨うことを余儀なくされている。そして、この付き
まとうもの、つまり肉体的なものへの欲望によって再び肉体に縛り込められるその時 E
まで、彷徨いつづけるのだ。」

三一

「しかし、ありそうなことだが、生きている間に練習してきたような習性へと、魂は縛り付けられるのだ。」

「どんな習性のことをおっしゃっているのでしょう、ソクラテスさん。」

「例えば、大食いや傲慢さや酒の飲み過ぎを練習して危険性に注意を払ってこなかった者たちは、ロバやそういった畜生の種族に仲間入りするのが、ありそうなことだ。[194] 君は、そうは思わないかね。」

「おっしゃることは、まったくありそうです。」

「不正や専制や強奪を尊重する者たちは、狼や鷹や鳶の種族へと入るというのがあ

193 ここからくり返される「ありそうだ eikos」という言葉は、無論、学問的に検証できない話題という限定からくる。だが、この表現は弁論術が多用するものであり、通念に訴えるこの議論が哲学ではなくレトリックの範囲に属することを示す。不浄な魂が亡霊となって地上を彷徨うという見方は、プラトンの本来の魂観にはそぐわない。

194 人間の魂が死後に別の動物に転生することは、『ポリテイア』六一八A–六二〇D、『パイドロス』二四八E–二四九B、『ティマイオス』四一E–四二D、九一D–九二C参照。

りそうなことだ。それとも、そんな魂はほかのどんなところへ赴くと言おうか。」

「疑いなく、そんなものにでしょう」とケベスは言いました。

「それでは」とソクラテスは言いました。「ほかの場合でも、それぞれの者が彼らの行なってきた練習のあり方に類似した場所に赴くのは、明らかではないか。」

「明らかです。どうしてそうでないことがありましょう」と彼は言いました。

「それでは、これら不浄な人々のうちでは、民衆的でポリス的な徳[195]に従事してきた者たちがもっとも幸せで、もっとも善き場所へと赴くのではないか。彼らの徳を人々は『節制』とか『正義』と呼んでいるが、それは知を愛し求める哲学や知性の働きを伴わずに、習慣や練習から生じたものだ」とソクラテスは言いました。

「どうしてそのような人々がもっとも幸せなのでしょう。」

「その理由は、こんな人たちがそんなポリス的で穏やかな種族へと再び到るのが、ありそうなことだからだ。つまり、ミツバチやスズメバチやアリなどの種族のことだ。[196] あるいはまた、同じ人間の種族に到る場合には、この人たちから節度ある人々が生まれるのだ。」

「それもありそうです。」

B

三二

「他方で、神々の種族の元に到るのは、知を愛し求めて完全に清浄なる状態で立ち去った者でなければならないというのが神の掟であり、学びを愛し求める者以外には許されない[197]。だが、これらのことゆえに、シミアス君にケベス君、正しく知を愛し求める哲学者は、肉体に関わるあらゆる欲望を退け、我慢して自分自身をそれらに引き渡すようなことはしない。その人たちは、金銭を愛し求める大勢のように破産や貧窮を恐れてそうするのではなく、また、権力や名誉を愛し求める者たちのように、邪悪さへの不名誉や悪評を恐れて、それらゆえに欲望を退けるのでもない。」

C

「それは相応しくないでしょうからね。ソクラテスさん」とケベスは言いました。

「ゼウスの神にかけて、確かにそれは相応しくないよ」とソクラテスは言いました。

195 「民衆的な徳」とは、真正の徳と対比される一般の徳（六九B）を指す。
196 これらの昆虫は社会生活を営み、ポリス的な動物であると見なされていた。
197 『ポリテイア』第二巻三七六Bでは「知を愛し求めること」（哲学）と「学びへの愛」が同一とされている。

「それゆえに、ケベス君、肉体を作り上げる生き方をせず、自分自身の魂に配慮を向 82D
けるあの人たちは、彼らはみなどこへ行くのか知らないのだからと別れを告げて、その人たちと同じ道を歩むことはないのである。そして、自身は知を愛し求める哲学、および、それがもたらす解放や浄化に反対のことは為すべきではないと考え、哲学に従って、それが導く方向へと向かうのである。」

三三

「どのようにでしょう。ソクラテスさん。」

「では、私が話そう」とソクラテスは言いました。「学びを愛し求める人々は、次の E
ことを認識している。即ち、哲学が彼らの魂を受け取った時[198]、その魂が肉体においてすっかりと束縛され接着されてしまっていて、ちょうど檻を通したように、肉体を通してしか真にある実在を考察することができず、魂がそれ自身を通じて考察することができないよう強制されていて、あらゆる無知のうちにうろついていること、そして、この檻の巧妙さが欲望によって成り立っていること、即ち、縛られている者自身がとりわけ縛られることの協力者となるように出来ているのを[199]、哲学は観て取っているのだ。

83A 私が言っているのは、学びを愛し求める人々は次のことを認識しているということだ。即ち、哲学がこのような状態にある彼らの魂を受け取った時、穏やかに励まして解放を試みるのだが、その時に、目による考察や耳や他の感覚を通じての考察が欺きに満ちていることを示し、用いる必要がない限りで、それらから身を引いているようにと説得し、魂が自分自身へと集結し凝集するようにと勧告するということだ。そし
B て、真にある実在の中で魂がそれ自身でそれ自体を思惟する対象について、他のいかなるものでもなく魂それ自身を信用するようにと促す。他方で、他の諸感覚を通じて異なるところで異なるものとして見てとる対象に、何一つ真理はないと考えるようにと促すのだ。そのようなものは感覚され目で見られるものであるが、他方で魂が見るのは知性の対象で不可視のものなのだと考えてね。

198　ここから「哲学＝知を愛し求めること」が擬人的に語られる。女性名詞なので、女性のイメージ。

199　欲望の権力構造は、自身が被束縛者であると同時に束縛者として協力することにある。この洞察は様々な場面で確認されるが、例えばフーコーの監獄の考察が思い起こされる。

(83)
それで、真に知を愛し求める哲学者の魂は、この解放に反対してはならないと考え、快楽や欲望や苦痛や恐れからできるかぎり遠ざかるのである。そんな魂は理性的にこう推論する。即ち、魂が激しく快楽や恐れや苦痛や欲望を感じたら、ひとが考えるような害悪、例えば、病気になるとか、欲望が原因で破産するとか、そういったことから被る程度の害悪どころではなく、あらゆる害悪のなかで最大で究極の害悪を被り、 C
しかもこのことを理性的に考えないで過ごすのだと。」

「このこととは、一体何なのでしょう、ソクラテスさん」とケベスは言いました。

「それは即ち、あらゆる人間の魂は、なにかについて激しく快楽を感じたり苦しんだりすると、その時、とりわけ快苦を被っているその事物がもっともはっきりしていてもっとも真実なものだと、実際にはそうでないのに考えるよう強いられるという点だ。これらの目に見えるものが、とりわけそれにあたるのではないか。違うかね。」

「無論そうです。」

「それでは、この状態において、とりわけ魂は肉体によって縛り付けられているの D
ではないか。」

「どのようにでしょう。」

「各々の快楽や苦痛が鋲《びょう》のようなものを備えて魂を肉体へと釘づけにし、打ち付けて、そうして魂を肉体的なものにし、魂は肉体が肯定しさえすればそれを真実であると思いこむようにだ。そうなってしまうのは、肉体と思いこみを同じくし、同じ対象に喜びを感じることから、思うに、魂が必然的に同じ生き方、同じ養いを持つものにされて、けっして冥府へ清浄な状態で到ることはなく、つねに肉体に汚されたものとして立ち去るからで、その結果、再びすぐに別の肉体に堕ちて入り、種を蒔かれたように根を張っていく。そして、これらのことから、神的で清浄で単一な相《そう》のもの[200]との共生、その参与を奪われたものとなるように強いられるのだ。」

「あなたのおっしゃることは、この上もなく真実です、ソクラテスさん」とケベスは言いました。

三四

「それだから、ケベス君、正しく学びを愛し求める者が秩序正しく勇気があるのは、

E

200　この表現は八〇A-Bを受けている。「類似性による議論」はこうして結論を迎える。

これらの為なのであり、多くの人びとが言っている目的の為ではない。[201]それとも、君 (83)
は違う風に考えるのかね。」
「いえ、私はそう考えます。」 84A
「そうでなく、知を愛し求める哲学者の魂は、以上のように理性的に推論すること
だろう。そして、哲学が自身を解放してくれるはずなのに、解放してくれても、魂が
自分自身を再び快楽や苦痛に縛り付けるために委ねて、なにかペネロペイアの織り糸
を反対に紡いでいくような効果のない仕事を為すべきだ[202]とは考えないことだろう。そ
うではなく、快楽や苦痛から解放された凪《なぎ》の静けさをもたらし、理性的思考に従って
つねにそのうちにあり、真なるもの、神的なもの、思い込みの対象にならないものを
見据え、彼《か》のものによって育まれ[203]、生ある限りそのように生きるべきだと思い、死を B
迎える時には、同族のもの、それに似たものへと到り、人間的な悪から解き放たれて
いると考えるのである。

このような養育の結果、魂はそれ、つまり死を追求しているのだから、なにも恐ろ
しいものと怖がることはない。シミアス君にケベス君。肉体からの解放において、凪
によって散り散りに吹き飛ばされてしまわないか、そうして飛び去って、もはやどこ

にもなくなるのではないか、などと恐れることはないのだ。[204]」

201 この対比は、六八D–六九Aで語られた一般の人々の「勇気、節制」の捉え方を指す。なお、底本の削除提案はとらず、写本通りに読む。

202 トロイア戦争に出征しているオデュッセウスの妻ペネロペイアは、言い寄る求婚者たちに対して、機《はた》を織り終わったら婚約に応じると言いながら、夜ごとに昼間紡いだ部分を解いていた（『オデュッセイア』第二巻九三–一一〇）。ここではペネロペイアと「反対に」として、死んで解かれるはずの肉体との絆を、わざわざ結びつけようとしている様を示している。「紡いでいく」という分詞は対格で読む（主要写本と異なる）。

203 『パイドロス』二四七D–E、二四八B–Cの魂のミュートス参照。

204 これが、ケベスが最初に提起した素朴な恐れ（七〇A、七七B、D–E）への最終的な回答となる。ソクラテスはこれらの表現をくり返していた（七八B、八〇D）。

第二部　観照への道

一、議論の再開

（一）シミアスとケベスの反論

三五

さて、ソクラテスがこれらのことを語り終えると、長い間沈黙が生じました。[205] そしてソクラテス自身、見たところ、語られた言論に向き合っているようでしたし、私たちのほとんどもそうでした。ですが、ケベスとシミアスは、小声で互いに語り合っていました。そこで、ソクラテスは二人を見て尋ねました。 C

「何だい。君たちには、今語られたことが十分に語られてはいないとでも思われるのかい。もしだれであれこの問題を十分に論じつくそうと思うのなら、まだ疑いや反

(84)

論を向ける点は数多くあるのだから。それでは、もし君たち二人がなにか別のことを考察しているのなら、私が言うことは何もない。だが、もしこのことについてなにか行き詰まっているのなら、[206] 君たち自身も、話して論じつくすことにけっして尻込みすべきではない。もしも君たちにとって、なにほどかより良く論じられると思われるのなら。また、私の方でも、一緒に取りかかることに尻込みはしない。もしも君たちが私と一緒でなら、一歩でも先に進めると思うのであれば。」

　すると、シミアスが言いました。「それでは、ソクラテスさん、あなたに真実を申しましょう。私たちのそれぞれが、今しがた行き詰まってしまっていて、相方を前に押し出してお尋ねするように命令し合っていたのです。その理由《わけ》を申しますと、お聞きしたいのはやまやまなのですが、目下の不幸ゆえにあなたにご不快な思いをさせて

205　対話の間で長い沈黙が入るのは、浄化の議論が終わったこの時点と、ケベスの反論に答え始める前の九五Eの二箇所である。

206　「行き詰まる aporein」（名詞形はアポリアー aporiā）は探究の途上で困難が生じて立ち往生してしまうこと。ソクラテスの探究論では否定的なものではなく、むしろ不知の自覚への重要なステップである。『メノン』八四A-Dを参照。

はならないと、面倒をおかけするのを躊躇《ためら》っていたからなのです。」
すると、これを聞いたソクラテスは穏やかに笑って、こう言いました。
「おやおや、シミアス君。いや、どうやら、今直面している運命《さだめ》を私が不幸だとは
思っていないと、他の人間たちを説得するのは難しそうだね。君たちすら説得できず E
にいて、君たちは私が以前に送っていた生より今、より不快な状態にあると恐れてい
るくらいなのだから。
そしてどうやら、君たちには私が、予言の術に関して、白鳥よりも劣ると思われて
いるようだ。白鳥は自ら死ぬべき時だと感知したら、その前にも歌ってはいたのだが、
その時にこそ最大に、とりわけ大きい歌声を発するのだ[207]。それは、仕えている神の元 85A
へと赴くのを喜んでのことだ。だが、人間たちは自分たちが抱く死への恐れゆえに、
白鳥についても虚偽をかたり、彼らが死を嘆きつつ苦しみから絶唱していると言って
いるのだ。いや、どんな鳥でも、飢えや寒さやなにか苦しみにもだえながら歌声を発
することはないのであり、かのナイチンゲールでもツバメでもヤツガシラでも[208]、苦し
さゆえに嘆いて鳴くと言われているものも、そんなことはしないのだと、人間たちは
考えを巡らすことはない。いや、私には、それらの鳥が苦しみながら歌っているとも、

白鳥がそうしているとも思われない。そうではなく、思うに、白鳥たちはアポロン神に仕えるので、予言の能力を持ち、冥府にある善き運命を予知して、[209] 彼《か》の日には以前の時にもまして悦び歌うのである。

私自身も白鳥たちと同じ神に仕える僕《しもべ》で、神官であり、[210] 彼らに劣らず予言の術をこの主人から授かっているのだから、彼ら同様に落ち込むことなくこの生から離れて B

---

207 底本の kallista（もっとも美しく）ではなく、写本の通り malista と読む。死を前にした白鳥が歌うことは、アイスキュロス『アガメムノン』一四四四―一四四五行、アリストテレス『動物誌』第九巻第一二章を参照。白鳥は伝統的にアポロン神に仕える鳥とされる。

208 ギリシア神話では、人間だったプロクネは鶯（ナイチンゲール）に、フィロメラはツバメに、テレウスはヤツガシラに変えられ、自分の苦難を嘆いて歌っているとされる。

209 ギリシア人は、死を前にした者が予言の能力を持つと信じていた。例えば『イリアス』第一六巻八五一―八六一行のパトロクロスの予言、第二二巻三五八―三六六行のヘクトルの死に際の予言が有名。

210 ソクラテスとアポロン神の関係は、『ソクラテスの弁明』での「デルフォイ神託」にも典型的に見られる。本篇でも冒頭から、ソクラテスの死刑を延期したアポロンのご加護が示唆され、ソクラテスもこの神に序歌を捧げていた。

いくと信じているのだ。さあ、こんな具合だから、君たちが何を聞きたいと望んでい (85)
るのか、語って尋ねるべきだ。アテナイの十一人の役人が許す限りでね。」
「美しく語られました」とシミアスが言いました。「では、私はあなたにどの点で行
き詰まっているかをお話ししましょう。このケベスは、また、語られたことをどうし C
て受け入れられないかを話すでしょう。
ソクラテスさん、私にはこう思われるのです。おそらくあなたにもそう思われるで
しょうが。こういった事柄については、今のこの生において確かなことを知るのは不
可能か、あるいは非常に困難でしょう。ですが他方で、それらについて語られたこと
をあらゆる仕方で論駁し、あらゆる面で考察し尽くす前に投げ出してしまうことは、
まったく臆病な男のすることでしょう。この問題をめぐっては、次のどれか一つは成
し遂げねばなりません。即ち、事柄がどうであるかを学ぶか、発見するか、あるいは、
もしそういったことが不可能なら、人間の言論のなかで最善の言論、もっとも論駁し D
難い言論を手に入れて、筏《いかだ》に乗るようにその言論の上に乗って、危険を冒して人生
を航海しきるか、そのいずれかです。[211] 最後の場合は、もしより信頼できる確かな乗り
物、つまり、神の言論に乗って、より安全により危険を冒すことなく進みきることが

できないとしたら、の話です。

それでは、今や、私はお尋ねするのを恥ずかしいとは思いますまい。あなたもこのお話をして下さったのですから。また、後になって私自身を責めますまい[212]。今私にそう思われていることを言わなかったからといって。ソクラテスさん、実は私には、今まで語られたことを私自身に向けて考察しても、このケベスを相手に考察しても、あまり十分には語られていないように思われるのです。」

三六

すると、ソクラテスが言いました。「おそらく、友よ、君には真実が現れているのだろう。では、一体どんな点で不十分なのか、言ってくれ。」 E

シミアスはこう言いました。「私に不十分だと思われるのは、竪琴や弦の調和《ハルモニアー》に

211　シミアスが語るこの「言論の筏」は、後で語られる「基礎定立（ヒュポテシス）」の方法に呼応する。言論を「航海」に喩えるのは、そこでの「第二の航海」を先取りする。

212　「後になって」とは、ソクラテスが死んでいなくなった時のこと。

ついてもこの同じ言論が語り得る、という点です。[213] つまり、調律された竪琴において (85)
調和は目に見えず、非物体的できわめて美しく、神的なものですが、[214] 竪琴自体と弦は 86A
物体であり、物体的で合成された土のような性質のもの、[215] つまり死すべきものと同族
です。そこで、だれかが竪琴を解体したり、弦を切断して分解したりした時に、あな
たが主張したのと同じ言論で、『彼《か》の調和は滅びることなく、なおあることが必然だ』
と主張したらどうでしょう。一方で、弦が破壊された時もなお竪琴は存在し、死すべ
き種族でありながら弦もなお存在するが、他方で、調和は神的で不死なものと似た生
まれで同族であるにもかかわらず、死すべきものより前に消滅して、滅んだ状態にあ B
るとは、どんなに工夫してもあり得ないだろうと。[216] ですが、その人は強弁するかもし
れません。『調和自体はなおどこかにあり、それがそんなことを被る以前に木材や弦
が腐ってしまうことは必然だ』と。
　そして実際、ソクラテスさん、私が思いますに、あなたご自身も心に次のことを
思っておられるはずです。即ち、私たちは魂がとりわけそんなものであると想定して
いて、[217] ちょうど私たちの肉体が熱と冷や乾と湿やそういったもので結びつけられ、張
りつめているように、私たちの魂はこういったものの混合であり、調和なのだと。[218] そ C

れらが相互に見事に、かつ適度に混ぜられた場合のことですが。

そこで、もし魂がなんらかの調和であれば、次のことは明らかです。即ち、私たちの肉体が病気や他の害悪によって度を外れて弛緩したり締め付けられたりした時、魂は、もっとも神的なものであってもただちに滅んでしまうのは必然で、ちょうど音楽や職人たちの製品[219]のうちにある調和のようなものです。他方で、各人の肉体の残骸は、

213　これから提示される「調和、ハルモニアー harmoniā」を使った議論には、音楽や宇宙の理論にこの概念を用いたピュタゴラス派の背景が推定されている。

214　この性格づけは、「類似性による議論」における魂の特徴（八〇A–B）に対応する。シミアスの反論は、基本的にその議論の不十分さを指摘するものである。

215　「土のような性質の、物体的＝肉体的」は、八一B–C、八三Dで語られていた。

216　魂が去った後でも、肉体がかなり長い時間存続することは、八〇C–Dで語られていた。

217　ここで調和を想定している「私たち」が誰を指すのか、議論がある。①一般的な人々、②初期の自然学者や医学理論家、③ピュタゴラス派、が候補である。やや専門的な言葉遣いからは②か③の可能性が高く、「魂＝調和説」をどのような理論と捉えるかが重要となる。

218　肉体は「熱い・冷たい、乾いた・湿った」という二対の性質のバランスからなっており、そのバランスが崩れると病気になるという考えは、ギリシア初期の自然学で共有されていた。

完全に燃やされてしまうか腐ってしまうかするまでは、長い間そのままの状態で残っ (86)
ているのが必然なのです。
どうでしょう、この言論に対して私たちは何を主張しましょうか。もしだれかが、
魂は肉体における諸要素の混合であり、死と呼ばれる瞬間に最初に滅びるのが当然だ D
と考えるとしたら。」

三七

するとソクラテスは、しばしばそうしていたように目を大きく見開き、微笑んでこ
う言いました。
「シミアス君が言っていることは正しい。もし君たちのだれかがこの難局を私より
も上手《うま》く乗り切ることができるなら、ぜひ答えてくれたまえ。実際また、彼はあなど
れない仕方で私の言論に攻撃をしかけてきたようだ。しかしながら私には、それに答
える前に、まず先にケベス君から、今度は彼が何の咎《とが》でこの言論を告発するのか聞く E
べきだと思われる。時間をかけて、私たちが何を言おうか考慮するためにも、そして
その後で、もし二人がなにか調和した歌をうたっていると思われたら彼らに合意し、

もしそうでなかったら、その時はこの言論を弁護すべきなのだ[220]。さあでは、ケベス君、言ってくれたまえ。今度はまた、どんな問題が君を困らせているのか」。ソクラテスはそう言いました。

「では、お話ししましょう」とケベスは言いました。「私には、言論はまだ同じところにあり、先ほど私たちが話したのと同じ告発を受けるように思われます[221]。つまり、一方で私たちの魂がこの人間という種族にやってくる以前にも存在していたことは、まったく麗しく、いや、大げさな言い方に聞こえなければ、まったく十分に論証されていることに、異論や撤回はありません。他方で、私たちが死んでも魂がまだどこかにあることは、私にはそのように論証されているとは思われないのです。魂の方が肉

87A

219 職人が製作する竪琴などの楽器を指すととるのが、文脈からは自然である。だが、絵画や建築などに「調和」を認めることもあり、音楽以外の場面を考慮している可能性もある。

220 ソクラテスは、言論の告発と弁明という法廷の比喩と、二人の反論を歌の「調和」に喩える比喩を合わせて語っている。

221 ケベスは、議論が出発点、つまり六九E-七〇Bの疑念に戻ってしまっていると言う。その意味は八八Bへの注、および「解説」を参照。

体よりも、より強く、より長い時間存続するという点では、私はシミアスの反論に合意はしていません。これらの点では全面的に、魂は肉体より完全に勝ると、私には思われるのです。

『それでは』と、その言論は言うことでしょう。[222]『君は、まだどの点を信じられないのか。人間が死んだ時、より弱いものである肉体がまだ存在するのを君は見ているのに。では、より長い時間存続するものが、なおこの時に存続しつづけるのが必然であるとは、君には思われないのかね』[223]と。これに対して、私がなにか意味のあることを言っているか、その点を考察して下さい。それは、私もどうやら、シミアスと同じようになにかの比喩を必要としているからです。[224]

さて、私にはこのことが、こんな場合と似ているように語られると思われます。年を取った機織り人について、彼が死んだ場合、だれかがこんな言論を語るだろう。[225]即ち、この人間は滅んだのではなく、どこかに健《すこ》やかに存在しているのだと。彼自身が織って着ていた衣服が健全に存在しており滅んではいないことが、彼が健全にあり、滅んでいないことの証拠となるだろう。そして、もしその人の言うことを信じない者がいて、人間という種族と日常使い身につけていた衣服と、どちらがより長い時間存続するかを問い尋ね、相手が、人間の種族の方がはるかに長いと答えたとしたら、次のことが論証されていると考えるだろう。即ち、より短い時間のものが滅びずにあるのだから、その人間が健全に存在することは、なににもましてそうなのだと。

ですが、思うに、シミアス君、これは真実ではない。君も、私が言ったことを考察してくれたまえ。そうしたら、こんなことを言う人は単純で愚かなことを言っていると、だれもが考えることだろう。それは、こういうことだ。

---

222 自分の考えに反対する言論を擬人化している。想定の反論者と自問自答する議論のやり方は、ソクラテスがしばしば用いるものであった（『ソクラテスの弁明』等）。

223 この議論は三段論法をなす。「魂は肉体より長く存在する。死んでも肉体はまだ存在する。従って、死後も魂は存続する」。ケベスの反論は、この議論が成り立たないことを示す。

224 「より長く生きる」という論点に焦点を当てて、「類似性による議論」への批判が展開される。シミアスの反論が竪琴などの楽器を例に「調和」を魂の比喩にしていたのに対して、ケベスは機織り職人を比喩に持ち出す。「比喩 eikōn」という語は「似像」を意味する。

225 機織り職人の比喩のポイントは、彼が自身の衣服を織って着る点にある。シミアスの「調和説」と異なり、ケベスは魂が肉体に優位してそれを支配していることを認める。「想起説」を認めて、魂の先在も認める。その上での反論である。

その機織り職人はこのような多くの衣服を織っては着つぶし、それら数多くの衣服
よりも後で滅びるのですが、最後の衣服よりは前に滅びるのだと思うのです。だが、
D それだからと言って、このことゆえに人間の方が衣服よりも劣っているとか弱いとい
うことには少しもなりません。この同じ比喩が、魂と肉体との関係に当てはまるよう
に思います。そして、だれかがまさにこのことを語ったら、魂と肉体について適切な
ことを言っていると、私には思われるでしょう。即ち、魂は長い時間存続するもので、
肉体はより弱く、より短い時間存続するものだが、しかしながら、とその人は言うで
しょう、それぞれの魂は多くの肉体を着つぶしていく。とりわけ長年生きるとそうな
E のだが、それは人間が生きている間もなお肉体は流動し[226]滅びつつあり、魂はつねに着
つぶしたものを織り直すからである。しかしながら、魂が滅びる時には、魂はちょう
ど最後の織物を着ているはずであり、その着物だけよりは先に滅びるのが必然だろう。
魂が滅びたら、その時すでに肉体は弱い本性を示して、すぐに腐ってなくなってしま
うのであるが。そうすると、この言論を信じたら、私たちが死んだ時も私たちの魂が
なおどこかにあるということは、勇気をもって信じるにはまだ値しないのだ。
88A もしこう語る人にだれかが、君、シミアス君が語ったよりもずっと多くを譲歩する

としても、つまり、私たちが生まれる以前の時に、私たちの魂が存在するということだけでなく、私たちが死んだ時でも、幾人かの魂はまだ存在してその後も存在しつづけ、何度も生まれてまた死ぬことを、その人に認めたとして——魂は、そのように何度も生まれることに耐え続けるほど本性的に強いのですから——これらのことを認めたとしても、次のことはもはや譲歩できないのだ。即ち、魂は多くの誕生において苦労を重ね、数々の死のなかの或る一つの死において最期を迎え、完全に滅んでしまう。この死、つまり、魂に滅亡をもたらすこの肉体との分離を誰一人知らない、こう言うとしたらどうでしょう。その時を感知するのは、私たちのだれにもできないことなの[227]

B

226　「流動する rhein」という語は、ヘラクレイトス流の万物流動的世界観を示唆する。恒常不変な実在を認めないという立場がケベスの反論の基盤にある。魂と肉体には程度の違いしかないと考え、前者の存在身分を引きおろす流動説が、イデア論が対決する相手となる。

227　この「君・あなた」は、①ソクラテスを指して「あなたが語ったことを語る人に」とするか（底本から修正）、②想定された論者からケベスへの語りとするか、③シミアスへの語りとするか、で解釈が分かれる。八七Cでケベスは反論をシミアスに向けて語っており、その文脈が継続していると考え、シミアスを指す③を採る。

だから。そこでもし事態がこの通りだとしたら、死を恐れずにいる人にも、恐れない (88)
ことが無思慮でないということにはあたらない。その人が、もし魂が完全に不死で不
滅であることを論証できないとしたら。だが、もしそれが出来ないのなら、まさに死
んでいく者は、自身の魂のために、今肉体と結び付けられているその軛《くびき》を解かれる
この解放において、完全に滅んでしまうのではないかとその都度恐れるのが必然なの
だと、こう言うのではないでしょうか。[228]」

(二) ミソロゴスとその克服

三八

さて、私たち皆は、彼らがこれを語るのを聞いて、快くない気分に陥ってしまいま
した。それは、後になって互いに語り合って分かったことなのですが。あの二人は、 C
以前の言論によって力強く説得され信じていた私たちを、再び掻き乱し、不信の淵へ
と投げ込んだように思われたのです。それも、前に語られたあれらの言論に対してだ
けでなく、これから後に語られるであろう言論についても、私たちは、判定者として

はなにものにも値しないのではないか、いや、むしろ事柄そのものが信用できないのではないのかと。[229]

エケクラテス　神々にかけて、パイドンさん、私もあなた方のことを斟酌《しんしゃく》いたします。今あなたのお話を伺った私自身も、自分に向かってなにかこういったことを言う気になっているのですから。「では、この上なお、一体どんな言論を信じればよいのだろう。ソクラテスが語ったあの言論は、あれほど強烈に説得的であったのに、

D

228　もし多くのくり返しの後にでも最後の一回を迎えるとすると、それが今回ではないという保証はない。その都度の死が魂にとって本当の最後になるのではないかという恐れが残る以上、目の前のこの死への恐れは消えない。鮮やかな反論である。

229　パイドンが描写する心理情態は重要である。そこでは①特定の言論への不信から、②以前の言論すべてへの不信へ、③言論一般への不信へ、さらに④判定者への不信から、⑤対象となる事柄へと、不信の範囲が拡大し、責任が転嫁されていく様が確認される。この情態はすぐに「言論嫌い」として分析されるが、議論に従事する者たちだけでなく、聴衆の間でも自然に起こっており、この対話篇の読者にも起こり得る。

(88) 今では不信の淵に沈み込んでしまっているのだから」と。驚くほどに、私たちの魂はなにかの調和であるというその言論は、今も、またつねに私を捕えて離さないからです。それも、この言論が語られた時、私自身にも以前からそう思われていたことだと想い出させてくれたようです。[230] いや大いに、再び最初から始めるように、人が死んでもその者の魂は一緒に死ぬことはない[231]ということを私に説得し、信じさせてくれる別の言論を必要としているのです。

さあ、話して下さい。ゼウスの神にかけて、ソクラテスはその言論をどのように
E 追求したのでしょうか。あの方も、あなた方がそうだったと今言われたように、明らかになにか嫌な思いをされていたのかどうか。それとも、穏やかにこの言論の救助に向かったのでしょうか。[232] また、救助は十分だったのでしょうか、それとも、不十分だったのでしょうか。一つ残らず、できるかぎり精確に私たちにお話し下さい。

パイドン　それでは、エケクラテスさん、私はしばしばソクラテスに驚嘆したものですが、お傍にいたあの時以上に感嘆したことはかつてありませんでした。あの方が
89A その時、何を語るべきか分かっていらしたのは、たぶん不思議ではないでしょう。ですが、私がとりわけあの方に驚かされたのは、まずはこのこと、つまり、なんと

も快く好意的に、そして賞讃を示す態度で若者たちの言論を受け取ったことです。それから、じつに鋭く、私たちがこれらの言論から被った情態を感知されていたことです。さらに、なんとも上手に私たちを癒し、逃げ出して打ち負かされたような私たちを奮い立たせて、言論に寄り添って一緒に考察することに向かうように勧めて下さったこと、それに驚いたのです。[233]

エケクラテス　それは、どのようにでしょう。

パイドン　では、お話ししましょう。

230　エケクラテスがシミアス説にとりわけ共感を示すのは、「調和説」がピュタゴラス派の教えに近いからであろう。実際、フィロラオス哲学との関係も指摘されている。

231　ここで初めて、魂と肉体の分離としての人の「死」とは異なる、魂自体の「死」、即ち「消滅」が論題となっている。

232　ここから言論を助け、救済するという比喩が使われる。救済される対象は、パイドンら対話の聞き手たちであり、それを聞くエケクラテスらでもある。

233　ソクラテスは、魂の病としての言論嫌いを治療する医者である。ここで用いられた「勧める protrepein」という語は「哲学の勧め、プロトレプティコス」の動詞形。

私は偶々あの方の右手、寝台の傍らにあった腰掛けの上に座っており、彼は私より (89)
一段高いところにおりました。それで、あの方は私の頭を撫で、うなじの髪の毛に指 B
を絡めながら——私の髪の毛で戯れることは、折にふれてやっていたのですが[234]——こう言われました。

「明日にも、きっと、パイドン君、君はこの美しい髪を切り落とすことになるのだね。[235]」

「多分、そうするでしょう、ソクラテスさん」と私は言いました。[236]

「いや、そうはならない。もし君が私の言うことに従うのなら。」

「どういうことでしょう」と私は言ったのです。

「今日、私も自分の髪を切り、君もこの髪を切ることになるのだ」とソクラテスは言いました。「もし私たちにとって言論が死んでしまい、私たちがそれを生き返らせることができないとしたら。そして私は、もし私が君だとして、この言論が逃げ去っ C
たら、アルゴスの人々のように、シミアスとケベスの言論に再び挑戦して勝利を収めるまではけっして髪を伸ばさないと、誓いを立てることだろう。[237]」

「ですが」と私は言いました。「二人を相手にしては、かのヘラクレスですら敵《かな》わないと言われています。[238]」

「では、君もこの私をイオラオスとして呼び出しなさい。まだ陽がある間はね。」

「では、呼び出しましょう」と私は言いました。「私がヘラクレスなのではなく、むしろイオラオスとして、ヘラクレスを呼び出すのです。」

---

234 パイドンは、アテナイでは年齢に見合わない長髪であった。若者だったからという説もあるが、おそらく出身地エリスの慣習で、スパルタ式の長髪を続けていたのであろう。

235 ギリシアでは、髪を切って喪に服する習慣があった。

236 語り手パイドンがソクラテスとの対話に加わるのはこれから始まる場面だけだが、対話篇における劇的効果は大きい。

237 アルゴスの人々は敵国スパルタに対する失地回復まで髪を伸ばさないことを誓った。ヘロドトス『歴史』第一巻八二参照。同じくスパルタに攻められたエリス出身のパイドンに、この比較は心に響いたであろう。

238 数々の難行を成し遂げた英雄ヘラクレスも、水蛇（ヒュドラ）と大蟹を相手に戦う時には、甥のイオラオスの助けを借りた。『エウテュデモス』二九七C参照。ここでは、シミアスとケベスの言論を二匹の怪物に喩えている。

「どちらでも変わりはないだろうがね」と彼は言いました。 (89)

三九

「では最初に、私たちは、或る情態を被らないように気をつけよう。」

「どんな情態でしょう」と私は言いました。

「言論嫌いにならないように、ということだ[239]」とソクラテスは言ったのです。「ちょ
うど、人間嫌いになるのに似てね。そう言うのも、人には言論を嫌うよりも大きな害 D
悪を被ることはないのだから。だが、言論嫌いと人間嫌いは、同じ仕方で生じる。つ
まり、人間嫌いは、技術を持たずにだれかを強烈に信用することから心に侵入してく
るのだ。その人間がまったく真実《まこと》をつくす人柄で健全で信用できる人物だと考え、そ
してすぐ後にこの人が劣悪で信用できない者であるのを見出して、さらにまた別の人
間でもそういったことを経験する。そしてこのことを何度も被り、しかも、とりわけ
もっとも親しくして本当の仲間だと考えていた者たちからそんな目に遭うと、ついに
は、しばしば怒ってあらゆる人間を嫌悪し、だれについても健全なことなどまったく E
何一つ存在しないのだと考えるのだ。それとも、君はこんなことが生じると、まだ気

づいていないのかね。」

「無論、気づいています」と私は言いました。

「それでは、醜悪で恥ずべきではないか。そして明らかに、こういった人は人間に関わる事柄への技術なしに、人間たちを取り扱おうとしていたのである。[240] もしなんらかの技術を持って付き合っていたら、ちょうどあるがままに、優良な人々も劣悪な人々も、極端な人はどちらもごく少数しか存在せず、大多数は中間にいると考えたはずだ。」

「どんなことをおっしゃっているのですか」と私は言いました。

239　「言論嫌い、ミソロゴス misologos」は、「人間嫌い misanthrōpos」をもじったプラトンの造語。抽象名詞は「ミソロギア misologia」。なお、人間嫌いで有名なアテナイのティモン（シェイクスピア『アテネのタイモン』のモデル）は、ペロポネソス戦争の頃の人物とされる。その場合、ソクラテスやプラトンと同時代人である。

240　人間嫌いが欠いているという「技術 technē」とは、人と付き合う心得としての社交術や、相手の考えを推察する心理術のようなものも考えられるが、哲学的には、人間とは何かの理解であろう。

「ちょうど、極端に小さいものと極端に大きいものの場合と同じだよ」とソクラテスは言いました。「人間でも犬でも他のなんでも、極端に大きなものや極端に小さなものを見出すことはより稀だと思わないかね。また、速いものも遅いものも、醜いものも美しいものも、白いものも黒いものもそうではないか。それとも君は、こういったすべてのものの中で、両極端に突出しているものは稀であり数少ないが、中間のものはありふれていて数多いのだと、気づいていないのかい。」

「無論、気づいています」と私は言いました。

「それでは、劣悪さの競技会が開催されたら、そこでも一等賞をとる人はすごく少数しか現れないと、君には思われないだろうか」とソクラテスは言いました。

「もっともです」と私は言いました。

(90) 「そう、もっともだ」とソクラテスは言いました。「だが、言論がこの点で人間に似ているというのではない[241]。君が今しがた導いてきたので、私は従ったまでだ[242]。そうではなく、似ているのは次の点だ。即ち、人が言論についての技術なしに或る言論を真実だと信じ[243]、そしてすぐ後にその人にそれが虚偽だと思われたら——それは実際に虚偽であることも、そうでないこともあるのだが——そうして再び別の言論、また別の

B

言論で同じことをくり返す場合だ。そして、とりわけ反論術の言論に従事した人々は、[244]
君も知っているように、終《しま》いには自分がもっとも知恵ある者になったと考えるのでは C
ないか。つまり、彼らは、諸々の事柄[245]にしても言論にしても、何一つ健全なものも確
かなものも存在せず、ありとあるものは、まさにエウリポス海峡で潮流が上へ下へと

---

241 両極端が少ないという意味で似ているのではなく、言論の場合は劣悪なものが多い、という解釈もある。しかし、人間の性格は善悪の間に中間があるが、言論には真偽の二値しかないという点での違いを指すのであろう。

242 これまでの議論はソクラテス主導で進められており、あたかもパイドンに責任があるかのような言い方は、協力して言論を進めるという八九Cの約束を受けていたものである。パイドンが九〇Aで「中間の者が多数だ」という論点を理解していなかったため、その説明のために話が逸れたという言い訳。

243 「言論の技術」は、ゴルギアスらソフィストが「語りの技術、レトリック」として教育を標榜したものだが、プラトンは自身の「対話術、ディアレクティケー」こそが真にその名に値することを『ゴルギアス』『パイドロス』『ソフィスト』で示していく。

244 「反論術」は、あらゆることに反対する議論を提示するソフィストの技法で、プロタゴラスが開発したと言われる。

245 「事柄」への徹底した不信は、すでに八八Cで現れていた。

流れを変えて、片時もどこにも留まらない、[246]ということを自分たちだけが理解していると思い込んでいるのだ。」 (90)

「いやまったく、おっしゃることは真実です」と私は言いました。

「それでは、パイドン君、この情態は憐れむべきものであろう。もしなにか真実で確かな言論が本当にあり、理解するのが可能だというのに、同じものでありながら、或る時には真実であるように思われ別の時にはそうでないように思われるような言論 D
に出会ったため、その人が自分自身や自分の技術のなさを責めずに、終いには苦しみゆえに喜んで責任を自分自身から言論の上に転嫁してしまい、[247]そうしてもう残った人生は言論を嫌悪し、罵りつづけて生き、真にある実在の真実と知識とを奪われてしまうなどということがあるとしたら。」

「ゼウスの神にかけて、まったく憐れむべき情態です」と私は言いました。

四〇

「ではまず最初に、このことに注意しようではないか。つまり、言論には何一つ健全なものがないという思いが魂に入り込まないようにし、むしろ、まだ健全な状態で E

ないのは私たちだという事実に心すべきである。そして、男らしく勇気を持って、健全になることを強く望まなければならない。君や他の者たちにとっては、これから先の全人生のため、私にとっては死それ自体のためにね。それは、私は目下、もしかしたらこの事柄について知を愛し求める哲学者の態度ではなく、まったく教育を欠く連中のように勝利だけ愛し求めているのかもしれない[248]。そんなことを言うのは、あの人たちもなにかについて論争する時には、言論が関わっている物事が実際どうあるかに

91A

246 エウリポスは、エウボイア島とギリシア本土ボイオティアに挟まれた海峡で、日に七度も潮流が変わると言われていた。「上へ下へと流れを変える」という表現も、ヘラクレイトスの流動説を示唆する。認識への不信が存在の流動説と結合するという図式は、『テアイテトス』第一部でのプロタゴラス説とヘラクレイトス説との関係に見られる。

247 ここで明瞭に語られる「責任転嫁」こそ、言論嫌いの本質である。責めは議論する者自身にあることを自覚して、さらに探究を進めることが哲学者の態度である。

248 「教育を欠く」という語はアリストテレスが『形而上学』第七巻三章一〇四五b二四でアンティステネスらに用いている表現であり、特定の人々を指しているかもしれない。他方で、ここでソクラテスが議論への自分の態度をなぜ勝利愛好ではないかと危惧するのかについては、次注を参照。

は考えを巡らさず、自分が提示した議論がその場にいる人たちにそう思われることばかりに心を向けているのだから。[249] そして私は目下、私の言っていることがこの場にいる人たちに真実であると思われるようにと心を向けるのではなく——副産物としてそうなる場合を除けばだが——むしろ私自身に対してこそ最大限にその通りだと思われるように心を傾けているが、この分だけ彼らとは異なるだろうと私には思われる。それは、親しい友よ、私は計算高くもこう考えているからだ。なんと欲深なことか、見 B
てくれ。[250] 一方で、もし私が言っていることが真実であるのなら、それに説得され信じることは立派なことだろう。だが他方で、もし死んだ者には何一つ存在しないとしても、それでもなお、死を前にしたまさにこの時に、嘆き悲しむことで傍にいる君たちを不快にさせることは、より少なくなるだろう。その知恵のない愚かさは、私とともにいつまでも続くことはなく——もしそうなら悪いことだったろうが——すぐ後に消滅してしまうだろうからね。[251]

だが、シミアス君にケベス君」とソクラテスは言いました。「私はこうして言論に向かう準備ができている。[252] しかし君たちは、私の言うことに従ってくれるのなら、ソクラテスという人間のことはおよそ考慮することなく、真実をこそはるかに一層考慮 C

してくれたまえ。もし私がなにか真実を語っていると君たちに思われるのなら同意し、もしそうでなければ、あらゆる言論で反対していきなさい。私が熱心さゆえに私自身と君たちとを同時に欺いて、あたかもミツバチが針を体内に残して逝ってしまうようなことがないように、[253]注意を払いながらね。」

249　九〇B–Cで語られた反論術の専門家（ソフィスト）は言論嫌いに陥り、実在へ疑念を投げかけて相対主義に陥っていた。ソクラテスも「魂の不死」についてシミアスやケベスの反論に気づかずに、勝利だけを目指していたかもしれないという自戒の念が表明されている。自身がソフィストではないかという疑いと反省が、その人を哲学者たらしめる。

250　この注記は有名な「パスカルの賭け」（『パンセ』B二三三）を思い起こさせると同時に、ソクラテスが魂の不死を無条件に信じているのではなく、不知の立場に留まることも示唆する。

251　欲深さとは、もし魂の不死が真実であればそれを信じるには結構だが、もし虚偽であっても、それを信じて他人に迷惑をかけないので、どちらにせよ利益があるという計算高さである。愚かにも間違った考えを持っていたとしても、死と共に消滅するのだから問題ない。なお、ここまでがパイドンに対する語り。

252　議論に向かうという意味と、二人の反論に対決する意味の両方が含まれているはず。

二、シミアスの反論への応答

四一

「さあ、出発しよう」とソクラテスは言いました。「まず、君たちが語ったことを私に思い出させてくれ。もし私が憶えていないのが明らかだったら。

さて、シミアス君の方は、私が思うに、魂は肉体よりも神的で立派なものであるとしても、それにもかかわらず、調和の種族に属しているので、肉体より前に滅んでし D
まうのではないかと、不信と恐れを抱いている。他方でケベス君は、魂が肉体よりも長い時間存続する点は私に合意してくれているように私には思われるが、しかし次のことはだれにも明らかでないと主張する。即ち、魂が多くの肉体を何度も着つぶして最後の肉体を後に残すと、今、魂そのものは滅んでしまうのであり、まさにそのこと、つまり、魂の破滅が死なのではないかということだ。[254]その理由は、肉体が留まることなくつねに滅びつつある点に求められる。[255]では、これ以外に、シミアス君にケベス君、私たちが考察すべきことはなにかあるだろうか。」

(91)

すると、二人とも、それらだけだと同意しました。 E
「それでは、君たちは、以前の言論はすべて受け入れないのかね。それとも、或る
言論は受け入れるが、別の言論は受け入れないということかね」とソクラテスは尋ね
ました。
「或る言論は受け入れますが、或る言論は受け入れません」と二人は言いました。[256]
「それでは、あの言論について、君たちはどう語るだろうか。即ち、学びとは想起
であり、その通りなら、私たちの魂は肉体に結びつけられる以前にどこか別の場所に
あったということが必然ではないかという、あの言論のことだ」とソクラテスは言い 92A

253　この表現は、喜劇詩人エウポリスがペリクレスの雄弁を喩えた表現（断片九四 Kock）に対応する。蜂はしばしば弁論（レトリック）の喩えとなった。

254　最初に「死」は魂が肉体から分離することと定義されており、その意味で「不死」は魂が死を超えて存続することを意味していた。ここで明確に魂の消滅が「死」と呼ばれており、今後はその「不死」が証明されることとなる。この転換が第二部の議論を方向づける。

255　肉体が絶えざる生成消滅にあることは、「類似性による議論」の一つの成果であった。問題は、魂が肉体の流動的あり方に引きずられて、同様の消滅を被るという危惧にある。

ました。

「私の方は」とケベスは言いました。「あの時にも驚くほどその言論に説得されましたし、今も、別の言論には従わず、それへの信頼を維持します。[257]」

「はい」とシミアスは言いました。「私自身もそうなのです。その言論について、いつか私になにか別のことが正しいと思われるようなことがあったら、まったく驚いてしまうでしょう。」

するとソクラテスは、こう言ったのです。「いや君は、別の説が正しいと判断する必要があるのだ、テーバイからの客人よ。[258] もしこの考え、即ち、調和が合成されたものであり、魂は肉体に即して調和された素材から合成されたなんらかの調和だとする考えを維持するとしたらね。それはつまり、魂が構成されるべき素材が存在する以前に、合成された調和が存在していたと君自身が語るとしたら、君だってそんなことはけっして受け入れないだろうから。それとも、受け入れるだろうか。」

「いいえ、けっして受け入れません、ソクラテスさん」とシミアスは答えました。

「では君は」とソクラテスは言いました。「結局こんなことを言うことになると気づいているだろうか。一方では、魂が人間という種族、つまり肉体へと到る前に存在し

B

(92)

ていると言いながら、他方で、まだ存在しないものから魂が合成されていると言うのだが。いや、君の言う調和は君が喩えたようなものではなく、まず先に竪琴や弦や調和をまだ備えていない音が生じてから、すべてのものの最後に調和が構成されるので C
あり、しかもそれが最初に滅んでしまうのだから。それでは、君のこの言論は彼《か》の言論と、どのように歌を調和させるのだろう。[259]」

256 言論嫌いの出発点は、一つの言論への疑いがすべての言論の不信に拡大するというものであった。そこからの脱出は、言論には真なるものも偽なるものもあるという認識、および、真偽を見分ける技術による。第一部で与えられた三つの魂不死論証のうち「類似性による議論」に不信が残るとして、「想起説」の信用性を確保することは、言論嫌いから脱却する第一歩となる。

257 想起説を持ち出すのはシミアスの反論への応答のためであり、ケベスの反論には影響はない。彼は生前の魂の存在だけでなく、死後に存続する可能性も認めているから。

258 底本でなく、主要写本の読み doxasai を取る。ここでのシミアスへの呼びかけは、テーバイ創設の英雄カドモスの妻の女神ハルモニアを意識したものである。九五A参照。

259 調和説との調和を論じるのは、無論一種の洒落であるが、言論間の整合性は真理の基準であり、後に「基礎定立」の方法で重要となる。

「いや、けっして調和させられません」とシミアスは言いました。

「しかしながら、もしなんらかの言論と調和することがあるとしたら、それは調和についての言論とも調和するのが相応しいはずだ」とソクラテスは言いました。

「相応しいでしょう」とシミアスは言いました。

「いやだが、君のこの言論は調和していない。それでは君は、これらの言論のうちどちらを選ぶのか。学びが想起だという言論か、それとも、魂が調和だという言論か」とソクラテスは言いました。

「それは大いに、前に語られた言論を選びます、ソクラテスさん」とシミアスは言いました。「今の言論は論証なしで、なにかもっともらしさと見かけの良さを伴って、私の元に生じたのです。その理由から、多くの人間にもそうだと思われています。[260] しかし私は、もっともらしさによって論証のふりをした言論ははったりに過ぎず、[261] もしそういった言論に警戒していなければ、幾何学でも他のどんな学問でも、ひどく人を欺くものになることを自覚しています。他方で、想起と学びについての言論は、受け入れるのに値する基礎定立[262]を通じて語られてきたものです。それは、まさに『ある』という名をもつ実在が魂に属する[263]という仕方で、私たちの魂は肉体の中にやってくる

D

以前にもあると語られたのです。私はこの基礎定立を、私自身を説得して信じた限りで、十分かつ正当に受け入れてきたのです。従って、このことゆえに、私自身でも他の人でも、魂が調和であると語ることは受け入れないのが、どうやら必然なのです。」 E

四二

「では、次の点はどうかね、シミアス君[264]」とソクラテスは言いました。「君には、調和にせよ、他の合成にせよ、それらから構成されている素材のあり方とはなにか別の 93A

260 この発言からは、調和説を信奉する者が多くいることになる。ピュタゴラス派の一部か。

261 「はったり alazōn」という批判は、しばしばソフィストの似而非《えせ》知識に向けられる。

262 ここで登場する「基礎定立 hypothesis」は「下に hypo 立てる tithēmi」から作られた語で、幾何学の方法として用いられた（『メノン』八六E‐八七B参照）。後に一〇〇Aで定式化される哲学の方法を先取りしている。

263 底本が採用する修正の読み（強意形容詞）ではなく、写本の読み（女性属格型）を採る。

264 想起説との不整合という第一の論点に加えて、第二の論点として「調和」そのものの欠点が吟味される。

あり方をするのが相応しいと思われるかね。」

「いいえ、けっして思いません。」

「では、私が思うに、それらの素材が為したり受けたりすること以外に、なにかを為したり受けたりすることもないと思われないか。」

彼は賛成しました。

「従って、調和は、それを構成している素材を指導するのではなく、素材に従うのが相応しい。[265]」

彼にもそう思われました。

「従って、調和は、それ自体の構成部分に対して反対のことを為したり、反対の動きや音を出したりするようなことは、まったくないのだ。」

「確かに、まったくありません」とシミアスは言いました。

「ではどうか。調和はそれぞれ、調和された仕方で調和のあり方をするのが本来ではないか。」

「私には、意味がよく理解できないのですが」とシミアスは言いました。

「いや、こうではないか。もし仮により高いピッチで調和されたり、より広い間隔で調和されたりすれば――もしこんなことが成り立ち得るのなら――調和はより高く、より遠いものになるだろう。[266] 他方で、もしより低く、より狭い間隔で調和されたら、調和はより低く、より近いものになるのではないか。」

「もちろんです。」

「それでは、このことは魂についても当てはまるだろうか。そうしたら、もっとも小さな点でも、或る魂が別の魂よりもより高度に、より多くの割合で魂であるとか、あるいは、この同じものが、より少ない割合で、より低い程度に魂であるということになるのだが。[267]」

「それは断じてあり得ません」とシミアスは言いました。

265　「指導する」という関係は、類似性の第三議論で「支配する」と並んで登場していた（八〇A）。「支配、被支配」という対は第三の論点として用いられる。

266　この二つの限定がどのような意味かについては、古来多くの議論がある。ここではオリュンピオドロスの解釈に従い、ピッチの高低と音の間隔の区別と解しておく。

267　調和に高低や多少の程度を認めるとすると、それでできている魂にもそういった程度差があることになる。

「では、ゼウスの神にかけて、どうかね。或る魂は知性と徳を備えた善いものであ (93)
るが、別の魂は無知と劣悪さを備えた悪いものだと言われているのではないか。こう
語るのは真実ではないか。」
「確かに、真実です。」 C
「では、魂が調和であるという説を立てる人々の中に、これらの徳や悪徳は魂のう
ちにあると言う人はいるだろうか。それはまた、なにか別の調和や不調和だと言うの
だろうか[268]。また、善い魂はきちんと調和されており、それ自身である調和の内に別の
調和を持っていて、別の魂は、今度はそれ自体が不調和であり、それ自身の内に別の
調和を持たない、こう言うだろうか。」
「私には、そんなことは言えません」とシミアスは言いました。「ですが、明らかに、
あの説を基礎に定立する者なら、そのようなことを言うのでしょう。」 D
「しかし、或る魂が別の魂よりも高い程度に魂であるとか、低い程度に魂であると
か、そういうことがあり得ないことは、以前に同意されていた[269]。そしてこれは、或る
調和が別の調和よりもより高く、またより広い間隔で調和であることも、また、より
低く、またより近い間隔で調和であることもない、という同意である。違うかね」と

ソクラテスは言いました。

「まったくその通りです。」

「では、調和がより高い程度に、またより低い程度に調和であることがない以上、より高い程度に、またより低い程度に調和されているということもない。そうではないか。」

「そうです。」

「また、より高い程度にもより低い程度にも調和されていない調和は、より多く、あるいは、より少なく調和に与るのか、それとも、等しく与るのか。」

「等しくです。」

「従って、或る魂が他の魂よりもより高い程度やより低い程度にまさにそれである、 E
つまり魂であるということがない以上、魂がより高い程度にもより低い程度にも調和

---

268 この議論は、魂が異なった程度や性質を持つ調和であるのに、それに加えて「善い、悪い」という別の性質をそのうちに持つのか、という問題を扱う。魂の善さや悪さがなんらかの調和や不調和であれば、二重の説明になってしまう。

269 九三Bでの同意。

されていることもない。」

「その通りです。」

「魂はこのような状態にある以上、より多く不調和に与ることも調和に与ることもないのだ。」

「ええ、ありません。」

「では今度は、魂がこのような状態にある以上、或る魂が別の魂よりもより多く悪徳や徳に与るのだろうか。悪徳が不調和で、徳が調和であるとしたら。」

「いいえ、より多くということはありません。」

「いやむしろ、シミアス君、正しい言論に従えば、どんな魂も悪徳に与ることはないことになるだろう。もしも魂が調和であったら。その理由は、おそらく調和が完全にまさにそれ、つまり調和であるのなら、けっして不調和に与ることはないだろうから[270]。」

「確かに、ありません。」

「魂についても、もし完全に魂であるのなら、悪徳に与ることはおそらくない。」

「これまで語られたことから、当然そうなります。」

94A

「従って、私たちにはこの議論から、もしも魂が同じ仕方でまさにそれ、つまり魂として生まれついているのなら、あらゆる生き物の魂はすべて、同じ仕方で善いものになってしまうだろう。」

「私にはそう思われます、ソクラテスさん」とシミアスは言いました。

「こう語られるのは立派だと思われるかね[271]」とソクラテスは言いました。「そして、
B もし魂が調和であるというこの基礎定立が正しかったとしたら、言論はこんなひどい結果を被るとは思われないだろうか。」

「けっして立派に語られているとは思われません」とシミアスは言いました。

四三

「ではどうか」とソクラテスは言いました。「人間におけるすべてのものを『支配す

---

270 「与る metechein」という語は、イデアと感覚物の分有関係にも用いられる。悪徳が不調和であれば、調和である魂が反対の不調和を分け持つことになってしまい、存立不能になる。

271 この言論が「立派」かどうかは、倫理的な帰結として受け入れ可能かの問いである。

る』と君が語るのは、魂、とりわけ叡智に与る魂以外にあるだろうか。[272]」

「いいえ、ありません。」

「それは、肉体に即した諸々の情態に譲歩しながらか、それとも、反対しながらかね。私が言っているのは、例えば次のような場合だ。熱があり喉が渇いているのに、反対のこと、つまり飲まないことへと引っ張っていくこと、また、飢えているのに、食べないことへと引っ張ること、ほかにも無数にあるが、魂が肉体に即した情態に反対するのを私たちは見ている。[273]違うかね。」

「無論、見ています。」

「それではまた、以前の議論において、[274]魂がもし調和であるとしたら、それを構成する素材が張りつめられたり緩められたり、つま弾《び》かれたり、どんな状態であれ被るものとは反対の音楽を奏でることはけっしてなく、それら素材につき従い、けっしてそれを導くことはないと、私たちは同意したのではないか。」

「確かに同意しました。どうしてそうでないことがありましょうか」とシミアスは言いました。

「ではどうか。今や私たちには、魂がまったく反対のことを為していることが明ら

C

かになったのではないか。つまり、魂がそれから成り立っていると人が主張するすべ
ての素材を指導し、生涯を通じてほとんどそのすべてに反対しつつ、あらゆるやり方 D
で主人として君臨する。或る時は、体育や医術の場合のように苦痛さえ加えて厳しくあたり、また或る時は、穏やかに懲らしめ、つまり脅したり諭したりして、魂は他所者に対するように、欲望や怒りや恐怖に向かって語りかけているのではないか。ちょうど、ホメロスも『オデュッセイア』で詩にしたように。そこでオデュッセウスについてこう語っている。

『彼は胸を打ち、言葉で心を叱りつけた。
耐えよ、心よ。かつては、よりおぞましいことに耐えたものを。[275]』 E

272 魂が肉体を支配して導くという第三の論点は、類似性からの第三議論（七九E-八〇A）で示された論点を用いる。ここではそれがさらに展開され、肉体が反対することでも従わせる主人として魂を論じている。

273 魂の内に葛藤があり、とりわけ欲望と理性が対立することは、『ポリテイア』第四巻が「魂の三部分説」として検討している。

274 九二E-九三A参照。

君は、ホメロスがこの詩句を作ったのは、魂が調和であるとか、肉体の情態によって導かれるものだと考えてのことだと思うだろうか。そうではなく、魂はそれらを導き、支配するものであり、調和に従っているよりもなにかはるかに神的なものだと考えてではないか。[276]」

「ゼウスの神にかけて、ソクラテスさん、私にはそう思われます。」

「従って、優れた者よ、魂がなにかの調和であると主張するのは、私たちにはけっして立派なことではないのだ。もしそう主張しようものなら、私たちはどうやら、神のごときホメロスに同意しないことになり、私たち自身にも同意しないことになってしまうだろうから。」

「その通りです」とシミアスは言いました。

三、ケベスの反論への応答

（一）反論の確認

四四

「よろしい」とソクラテスは言いました。「テーバイの女神ハルモニアの慈《いつく》しみは、どうやら私たちに適度に生じてくれたようだ。では、カドモスの方はどうだろうか。[277]

275 ホメロス『オデュッセイア』第二〇巻一七―一八行。この一節は、『ポリテイア』第三巻三九〇D、第四巻四四一Bでも引用され、魂の三部分説の論拠とされている。ただし、そこでは魂の内での対立が論じられたが、ここでは魂と肉体の関係とされる。いずれにしても、心的葛藤をどう説明するかは、魂のあり方を考える上で重要な問題であった。

276 「神的」という形容詞は類似性による議論のキーワードであり、ここでシミアスの反論を退けてその実質が確保されたことになる。

277 シミアスとケベスの出身地テーバイの伝説では、建国者カドモスが、アフロディテ女神とアレス神の娘ハルモニアと結婚したとされる。ここでは二人の言論をその二人に掛けている。

ケベス君。どのように、どんな言論でお宥《なだ》めすればよいのだろう。」 (95)
「あなたは見つけ出されると、私には思われます」とケベスは言いました。「とにか
く、調和に対するこの言論を、あなたは、常識を覆すほどの驚くべき仕方で語ってお
られたので。そう言いますのは、シミアスが行き詰まりを抱えて語っていた時には、
彼の言論に対処できる人がだれかいるのか、まったく訝《いぶか》しく思っていたからです。 B
ですが実際は、あなたの言論の最初の一撃でただちに受け入れられなくなるとは、な
んとも尋常ならざることに思われました。[278] カドモスの言論もこの同じ目に遭うとして
も、驚きはしないでしょう。」
「善き人よ、大きなことは言わないでおくれ」とソクラテスが言いました。「なにか
邪《よこしま》な眼差しが、私たちに、これから語られる言論を逸らしてしまわないように。し
かし、このことは神にお任せして、私たちはホメロス的な言い方で『近づいて来て[279]』、
君が本当に意味のあることを言っているかどうか、試問してみよう。
君が探究していることの要点はこうかね。即ち、知を愛し求める哲学者が死ぬこと C
になっても恐れることなく、別の生き方をして生を終えた場合とは違って彼の地《か》で幸
せになると信じて恐れずにいる時、もしそれが無思慮で愚かな蛮勇でないのなら、君

は、私たちの魂が不滅でかつ不死であることが証明されるべきだと要求する。魂がなにか強靭で神的な種族で、私たちが人間に生まれる以前にすでに存在していたことを示すだけでは、それらの特徴をすべて合わせても不死性を示していることにはならない。むしろ、魂が多くの時間を長らえて、以前に計り知れないほどの時間、どこかに存在し、多くの物事を知りかつ行なってきたということを示すだけである、君はこう主張する。しかし実際、それでは魂が不死であったことには少しもならないのであり、 D
人間の肉体のうちにやって来たということ自体が、魂にとって滅亡の始まりだったのだ。ちょうど病のようにね[280]。そして魂は苦難を被りながらこの生を生き、最終的には死と呼ばれる状態のうちで滅びさってしまうのであろう。肉体にやって来るのが一度であれ何度もであれ、私たちの各々がその死に恐怖を抱くという点ではなんの違いも

278 文字通りに受け取ると、想起説との不整合性の指摘で、はやくも潰れたことになる。

279 ホメロスの叙事詩で語られる戦士たちのように、という意味。『イリアス』第二二巻九二行等で使われる、「迫ってくる」といった表現のもじり。

280 ケベスの反論にこの表現はなかった。魂が「苦労を重ね」（八八A）という疲弊をこう表現したのかもしれない。生が病であるとは、オルフェウス教的な悲観論である。

ない、こう君は主張する。それは、無思慮な者でなければ、魂が不死であると知ることなく、言論も与えられないとしたら、その人は恐れるのが当然だからだ[281]。

君が主張しているのは、思うに、ケベス君、こういったことだ。こうしてわざわざ何度も取り上げたのは、論点が私たちから逃れないように、また、もし君が望むのなら、付け加えたり取り去ったりするためなのだ。」

E

するとケベスはこう言いました。「私としては、今のところ、取り去ったり付け加えたりすべきことは何もありません。これが、まさに私が主張していることです。」

(二) 原因の探究と失敗

四五

すると、ソクラテスは長い間そのままでいましたが、自分自身に向かってなにか考えをまとめてから、こう言いました。

「容易ならざる問題を探究しているね、ケベス君。それは、生成と消滅についてその原因[282]を、全体として完全に問題にして解明する必要があるからだ。では、もしよけ

96A

れば、このことについて私が経験したことを、私から君にお話ししよう。[283]その後で、私が語ることのなかで、もしなにか君に役立つことがあると思われたら、君が提示した反論への説得に用いればよいのだ。」

「いやまさに、私が望んでいるのはそういったことです」とケベスは言いました。

「それでは、私が話すことを聞いてくれ」とソクラテスは言いました。「ケベス君、若い時、私は、『自然についての探究』と人々が呼ぶあの知恵[284]を、驚くほどに欲して

281 魂の不死が完全に証明されない限り、目の前の死に対する恐れを取り除くことはできない。従って、言論は元の地点にある（八六E参照）。

282 「原因 aitia」は、元来は「責任」を意味し、「根拠、理由」にあたる。この概念は、アリストテレスの四原因説に受け継がれるように、近代以降に論じられる「因果」（作用因にあたる）より広い。

283 ここでソクラテスが語る若き日の知的遍歴は、①前五世紀半ばにソクラテスが経験した史実か、②著者プラトンの経験か、③純然たる創作か、で見解が分かれている。①には、前四二三年に上演されたアリストファネス『雲』で描かれる「自然学者ソクラテス」が結びつけられる。他方で、クセノフォン『ソクラテスの想い出』第一巻第一章一一ではソクラテスが自然探究に一切関心がなかったと証言され、それに否定的な証拠となる。

いた。私にはそれがすばらしいものだと思われたのだ。つまり、各々のものの原因を (96)
知ること、即ち、各々のものが何によって生じ、何によって滅び、何によってあるの
かを知ることだ。[285] そして、まず次のような事柄を考察しながら、私は自分自身を何度 B
も上へ下へと変転させていた。[286]

熱と冷がなんらかの腐敗作用を受ける時、或る人々が主張するように、その時に生物が発生するのだろうか。[287] また、私たちがそれによって思考する原因は、血液だろうか、それとも、空気、あるいは火だろうか。[288] それとも、それらのどれでもなく、聞いたり見たり臭いを嗅ぐという感覚を提供する頭脳がそれであって、これらの感覚から記憶や判断が生じ、記憶や判断が平静さを獲得するとそれらから、こんな仕方で知識
が生じるのか。[289] また今度は、これらのものの消滅を考察し、天空や大地の様々な状態 C
も考察したのだが、終《しま》いには、私はこのような考察には素質を欠いており、まったくの役立たずであると、自分自身に思われたのだった。その十分な証拠を君にお話ししよう。

私が以前には明らかに知識を持っていた事柄について——私自身にも他の人々にもそう思われていたのだが——その時、この考察によってひどく目が見えない状態にさ

れてしまっていたのである。[290] その結果、以前には知っていると思っていた物事につい

284 「自然について peri physeōs」は初期ギリシア哲学者に共有されていた問題関心であり、「探究 historiā」という語はイオニア自然学で用いられた。

285 ここで「ある」の原因が考察対象に加えられている点が重要である。ソクラテスは「なにかになる」（生成）と「なにかでなくなる」（消滅）の原因のために、「なにかである」の原因を知ることが決定的だと見て取っている。

286 「上へ下へ」という表現は「言論嫌い」の文脈で流動説的情態に使われていた（九〇C）。

287 この見解は、アナクサゴラスに学んだ自然学者で、ソクラテスの師ともされるアルケラオス（前五世紀半ばに活躍）の説。生物は、熱と冷を加えた粘泥から生じるとされた。

288 魂の座を巡っては自然学者の間で多くの論争があったが、エンペドクレスは血液を思考とし（断片一〇五DK）、アナクシメネス（断片二DK）やアポロニアのディオゲネス（断片四、五DK）は空気を、ヘラクレイトス（断片三六DK参照）は火が魂であると考えた。

「それによって」という与格表現は、ここからの原因の議論で活用される。

289 ピュタゴラス派の一員とも言われたアルクマイオンの感覚説（証言五DK）や、ヒッポクラテス派の医学説が含まれるが、特定の学説というより、有力な一般的見解であろう。

290 以前には知っていると思っていた事柄が、今では知らないと思われるようになったという状態は、ソクラテスの探究がもたらす「行き詰まり」であった。

てさえも無理解に陥ってしまった。他の多くのこともそうだが、人間が大きくなるの (96)
は何によってか、という問いがとりわけそうだった。つまり、以前にはこれは、食べ
て飲むことのゆえだ、ということはだれにとっても明らかだと思われていた。それは D
つまり、食べ物から、肉には肉が、骨には骨が付け加わり、この同じ言論に従って、
他のそれぞれのものにはそれらと同類のものが付け加わる時、[291] その時に少量のものが
後に多量になって、そのようにして小さな人間が大きくなるのだと、当時はそう考え
ていたのだ。私はこれで適切だったと、君には思われるかね。」
「私には、適切だったと思われます」とケベスは言いました。
「ではさらに、次のことも考察してくれたまえ。私にはこれで十分だと思われる、
そう考えていた。即ち、だれか大きな人間が小さな人の隣に立ったら、まさに頭に
よってより大きいと見えたのであり、[292] 馬の場合も同様だと。そしてさらにこれよりも E
明瞭なこととして、十が八より大きいのは、その八に二が加わることによってであり、
また、二尺が一尺より長いのは、その半分を超過することによってである、[293] 私にはそ
う思われていた。」
「では、今は、それらについて、どう思われるのですか」とケベスは言いました。

「ゼウスの神にかけて、私はこれらのなにかについて原因を知っていると考える状態からは、はるか彼方にいると思うよ。

97A

私は、自分でこう考えることも受け入れられない。即ち、だれかが一に一を加える時、加えられた方の一が二になったのか[294]、それとも、加わった方の一と加えられた方の一が、一方の他方への付加によって二となったのか、ということもだ[295]。私は驚きを覚える[296]。これらのそれぞれが互いから離れていた時には、それぞれが一であって、その時は二ではなかったのに、互いに近づくと、そのこと、つまり互いのものの近くに

291　これは、アナクサゴラスの「同質部分体」理論（断片一〇DK）にほぼ対応する。ソクラテスはすぐ後で彼の学説を取り上げる。

292　二人の身長差が頭の部分にあたる場合、「頭の分大きい」、つまり「頭によって大きい」と言われる。「によって」は程度差を表す与格であるが、ここでは原因の与格に解されている。ホメロス『イリアス』第三巻一九三行には、「（オデュッセウスは）アガメムノンより頭で（＝頭の分）小さい」という表現があり、それをもじったもの。

293　二尺は一尺より、その半分の長さ（一尺）だけ超えている、という意味。

294　底本は「それとも加わった方か」の語を補うが、「二になる」の主語として、加わった方の一を考えるのは難しい。三つの選択肢を並べる必要はない。

置かれるというその接近が、それらにとって二になることの原因になったというのが、いかにも不思議なのだ。

また、もしだれかが一を切り分けたら、今度はそのこと、つまり切断が二になったことの原因になっているということも、もう納得できない。それは、前の場合とは反対のことが、二になった原因となっているからだ。つまり、前の場合には、互いに近くに集められ、一方が他方に付加されたことが原因であったが、今度の場合は、一方が他方から引き離され、分離されたことが原因とされているのだから。

さらにまた、何によって一になるのか、その原因を知っていると、私はもはや自分自身を説得できず、一言で言うと、他のなんであれ何によって生じ、消滅し、それがあるのかについて、探究のこの方法に従って知るのは無理なのだ。私自身、なにかほかによい方法はないか、手当たり次第にひっかき回しているのだが、こんな仕方だけはどうしても受け入れられない。

四六

しかし、私は或る時、或る人が本を読み上げて——その人が言うにはアナクサゴラ

C スの本だったが[297]――『秩序づける万物の原因は、知性《ヌース》である』[298]と語るのを聞き、これが原因だと聞いて喜んだ。そして、知性が万物の原因であるということは、或る仕方では善い具合だと思われ[299]、こう考えた。

『もしこれがその通りなら、知性が秩序づける以上、万物を秩序づけるのに、それぞれの事物が最善であるような仕方で配置することだろう。[300]従って、もし人がそれぞ

---

295 成長、長さの超過、数の追加という例は、前五世紀初にシチリアで活躍した喜劇詩人エピカルモスが議論で用いていた。ディオゲネス・ラエルティオス『哲学者列伝』第三巻一一は、プラトンが彼の議論を剽窃したとの嫌疑を紹介している。

296 「驚き thaumazein」が哲学の始まりであるという、プラトン自身とアリストテレスの言葉を思い出す。

297 アナクサゴラスには『自然について』という著書があった（『ソクラテスの弁明』二六D参照）。ここで本を読み上げた人は、弟子のアルケラオスではないかと推測されている。

298 アナクサゴラスはこう言っている。「そして、今はもはやないものについては、それがどのようになるはずだったか、実際どうであったかを、また、今実際にあるものを、またそれがどのようになるだろうかを、知性が秩序づけた」（断片一二DKの一部）。

299 「或る仕方で」とは、アナクサゴラスが実際に語ったのとは異なる仕方で、という意味。

(97) れの事物について、どのように生じ、消滅し、あるかの原因を発見しようと望むなら、
それについてはこれ、即ち、その物にとって、どのようにあったり、他の事態を被っ
たり為したりするのが最善であるか、を見出さなければならない。また、この言論か
らすると、人間にとって、その人自身についても他の物事についても、考察するに相 D
応しいのは最も優れて最善であるもの以外にはないということになる。この同じ人は、
より劣悪なものも知っているのが必然である。その理由は、これら最善なものとより
劣悪なものについての知識は同じだからである』[301]と私は考えた。こういったことを推
論しながら、私は喜んで、私自身の知性に適った[302]、存在するものについての原因の教
師、このアナクサゴラスを見出したと考えたのだ。

　彼は先ず私に、大地が平たいか丸いかを示してくれるだろう[303]。そしてそれを示すに
あたっては、その原因と必然性とをさらに詳細に述べてくれるはずだと思った。つま E
り、より善いということ、即ち、大地がそのようである方がより善かったのだ、と語
ることで[304]。さらに、もし大地が宇宙の中心にあると主張するのなら[305]、それが中心にあ
る方がより善かったのだということをさらに詳細に述べてくれるだろうと考えた。そ
して、もしあの人がこういったことを私に明示してくれれば、私はそれ以上他の種類 98A

の原因を望みはしないと心に決めていたのだった。それに加えて、太陽や、月や他の星々についても、相対的な速度や至点や他の状態に関して、同様に学ぶつもりで心構

---

300 ソクラテスがアナクサゴラス説に期待したのは、個々の事態が「最善」であるという仕方での原因の説明であった。そこでは「ある」の原因づけが問題となる。

301 特定の事態が最善（最上級）であると知ることは、他の諸事態がそれより劣る（比較級）ということを知ることでもある。だが、宇宙を秩序づける知性は常に最善を配置するのであれば、この「より劣悪なもの」は人間的知性の関わる領域での事象であろう。

302 「知性に適った」という慣用句は、アナクサゴラスの「知性」（ヌース）に掛けた表現であるが、宇宙的な知性と対応する「私の知性」がこれから問題になることへの示唆となる。

303 大地（地球）の形状は、イオニア以来の自然学の主要関心であった。タレスやアナクサゴラスらは平面を、アナクシマンドロスは円筒形を、ピュタゴラス派は球形を提案していた。

304 ここでソクラテスが期待したのは、そのあり方がそうでないよりも「より善い」という比較による説明であった。「善かった」という「ある」の未完了過去形（エーン）は、現にあるあり方がすでにそう定められているという本質を示す。アリストテレスの「本質」（ト・ティ・エーン・エイナイ）概念の先駆けとなる表現。

305 ほとんどの自然学者は、大地が宇宙の中心にあると考えていたが、ピュタゴラス派には宇宙の中心に火があり、地球もその周りを回っているという考えもあった。

えをしていた。つまり、各々の天体が、それらを為したり作用を受けたりするには、 (98)
一体どんな仕方ならより善いのであるかを学ぶつもりだった。彼はこれらが知性に
よって秩序づけられていると主張しているのだから、それらが現にある仕方であるこ
とがもっとも善いのだということ以外、別の原因をそれらに帰すことはけっしてない
はずだ、そう考えたからだ。
それで、アナクサゴラスはこれらのそれぞれに、すべてに共通に原因を割り当て、 B
そのものにとって最善のもの、そして万物に共通する〈善〉をさらに詳細に述べてく
れるのだと思っていた。それだから、この希望を、私は大金をもらっても手放すこと
はなかっただろう。そうして、私はできる限り速やかに彼の本を手に入れ、大きな熱
意をもって読み始めたのだった。最善のものとより劣悪なものとを、できる限り速や
かに知るためにね。

四七

驚くべき希望から、友よ、私は運び去られたのだった。[306]読み進めると、その男が知《ヌー》
性《ス》をすこしも用いることなく、また、事物を秩序づけることへの原因もなにもそれに C

帰すことはしないで、空気とかアイテール[307]とか水とか、他のたくさんの場違いなものに[308]原因を帰しているのを見たのだ。

私には、彼は次のようなことにとてもよく似た状態にいるように思われた。即ち、だれかが『ソクラテスは為すことのすべてを、知性によって為している』と言ったとして、その後で、私が為しているそれぞれのことの原因を言おうとして、まず、こう語る場合だ。『私が今ここに座っているのは、次の原因に、よ、っ、て、である。即ち、私の肉体は骨と腱から構成されているが、骨は硬く、互いに離れながら関節でつながっている。他方で腱は、伸ばされたり緩められたりするもので、肉やそれらを覆う皮膚と一緒に骨を包み込んでいる。それで、骨がその接合部で持ち上げられると、腱が弛緩したり伸張したりして、私が今脚を曲げている状態をなんらか可能にしている。そして、この原因に、よ、っ、て、私は脚を折り曲げて、ここに座っているのだ』と。

D

306　山の頂から突き落とされる比喩か、風で航海が妨げられる比喩か、であろう。「第二の航海」との繋がりで後者のイメージで解する。

307　「アイテール」は、天空を満たしている物質とされた。一〇九Bも参照。

308　アナクサゴラスが持ち出して論じた「骨、毛髪、肉、爪」などを指すのであろう。

今度はまた、君たちと対話していることについても、[309]同様の別の原因を語ることだ (98)
ろう。即ち、音声や空気や聴覚や他の無数のこんなものが原因であると主張し、真に
原因であるものを語る配慮を怠る。[310]真の原因とは、『アテナイの人々には、私に有罪 E
投票をした方がより善いと思われたので、それによって、私にもここに座っているこ
とがより善い、即ち、留まって彼らが命じる罰を受ける方がより正しいと思われてい
る』ということだ。[311]その理由は、犬にかけて、[312]私が思うところでは、もしもなんであ
れポリスの命じる罰を受けることが、脱獄し逃亡することよりもより正しく、より立
派だと私が考えなかったとしたら、『最善だ』という考えに運ばれて、この腱も骨も
とうの昔にメガラかボイオティア人のあたりにあることになっていたはずだ。[313]そう 99A
いったものを原因と呼ぶのは、まったく場違いなのである。

他方で、もし人が『骨や腱や他の身体部位を持つことなしに、私に善いと思われた
ことを為すことはできなかっただろう』と言ったら、それは真実である。しかしなが
ら、『これらによって私は為すことを為している、そしてこのことを知性によって為
しているのだが、最善のものの選択によってではない』などと言ったら、それは冗長 B
な言い方をする言論の怠慢とでも言うべきものだろう。それは、なにか本当に原因で

あるものがあることと、それなしでは原因が原因たりえないものがある[314]ということを、区別できないことなのだから。後者の方を、多くの人々は暗闇で手探りするように別物の名称を用いて『原因』と名付けて呼んでいるように、私には思われる。

それゆえ、或る人は、渦巻き[315]を大地の周りに置いて、天空の下に大地が留まってい

---

309 「ソクラテスが座っている」というあり方は、肉体の状態にとどまらず、「判決に従って、脱獄せずに死刑を迎える」ことを、さらに「死を前にして、仲間と哲学の対話に従事する」ことを意味する。

310 「配慮を怠る」は『ソクラテスの弁明』でメレトス相手に使われる「魂の配慮」の反対語で、一〇七C、一一八A（最期の言葉）でも用いられる。

311 これが、「ソクラテスが座っている」というあり方の正しい原因の語りである。

312 「犬にかけて」とはソクラテスが時折用いる誓いの言葉。特別の意味はないかもしれないが、やや剽軽な印象を受ける。

313 『クリトン』五三Bでソクラテスは、テーバイ（ボイオティア地方）とメガラを亡命先として言及していた。テーバイにはシミアスとケベス、メガラにはエウクレイデスといった弟子がいた。ソクラテスが牢獄に留まることを「善い」と判断しなければ、肉体はそこにあったはずである。なお、クリトンは知り合いのいるテッサリアへの逃亡を勧めていた。

314 『ティマイオス』四六Cでは「補助原因 synaitiā」と呼ばれている。

るとし、[316]別の人は、平たいコネ鉢[317]のような大地を空気が底で支えているとしている。[318] (99)
そして、それらができるだけ善いあり方で配置されるように今置かれているという、 C
その力を彼らは探究せず、なにかの神霊的な力強さを有すると考えもしないで、それ
よりも力強く、より不死なるもので、一層強力にすべてをまとめあげるアトラスを発
見するとでも思っているのだ。[319]そして、〈善〉なる必然が、文字通り結びつけまとめ
ている[320]とは想像だにしないのだ。

さて、私はこのような原因が一体どうあるかについてなら、だれの弟子にでも、な
にもまして喜んでなることだろう。だが、私はその原因を欠いたまま、自分自身で
発見することも他人から学ぶこともできるようにならなかった。そこで、原因の探究
に向けた第二の航海[321]へと乗り出したのだが、私がどう取り組んだのかを、よければ君 D
に示して見せようか、[322]ケベス君。」

「ぜひとも、そうしていただくことを望みます」とケベスは言いました。

（三）第二の航海とイデア基礎定立

四八

「それで、その後」とソクラテスは言いました。「あるもの[323]の考察を断念してしまっ

315 アリストファネス『雲』三八〇行では、ソフィストのソクラテスがゼウスに代わる新たな神として「渦巻き」を導入している。自然学者のだれかの説をもじったものであろう。

316 エンペドクレスは、急速で回転する宇宙の中心に大地が留まっていると考えた。

317 この語もアリストファネス『雲』六七〇行で用いられる。

318 空気を始源としたアナクシメネスの考え。アリストテレス『天体論』第二巻第一三章参照。

319 アトラスは、ギリシア神話で天球を持ち上げているとされる巨神。

320 「必然 deon」とは、元は「結びつける」という意味を持つ。

321 「第二の航海」とは、通常の航海（風を受けての帆航）が上手くいかない場合、次善の策（例えば、手漕ぎ）を取ることを意味する。直接の原因把握が最善だとして、それが無理な場合は、間接的な探究を行なわざるを得ない。

322 「示して見せる、演示 epideixis」は通常ソフィストが弁論を人前で披露する際に用いる表現。

た私には、こう思われた。太陽が日蝕に入っているのを観て考察する人が遭うような目に遭わないように、注意すべきだと。[324]つまり、水面やそういった場所で太陽の像を考察するようにしなければ、きっと目を損なってしまう人がいるからだ。[325]私も、このようなことが起こると思ったので、事物を目で見ようとしたり、各感覚でそれらに触れようと試みたりすると、魂が完全に目の見えない状態になってしまうのではないかと、恐れたのだ。

そして私には、言論《ロゴス》へと避難して、あるものの真理をその場所で考察しなければならない、[326]と思われた。だがこれは、或る仕方では、私が使っている比喩におそらく似ていないのだろう。[327]つまり、あるものを言論において考察する者が、実際の物事において考察する者よりも一層『像において』考察しているという解釈には、私はけっして与《くみ》しないのだから。[328]

だがとにかく、私はこのような道で出発した。即ち、原因についても他のあらゆるものに関しても、その都度もっとも強力であると判断する言論を基礎に定立し、一方でこれに調和すると私に思われるようなことを真であると見なす。[329]他方で、調和すると思われないようなものは、真ではないと見なすのである。では、言っていることを、君により明瞭に話してみよう。君は、今はまだ理解していないと思うので。」
「ゼウスの神にかけて、あまり理解できていません」とケベスは言いました。

---

323 次に「事物」とも言われる対象であり、自然学が探究していた「なる、なくなる、ある」のあり方。

324 「太陽」は『ポリテイア』第六―七巻の「太陽の比喩、洞窟の比喩」では「善のイデア」を表す視覚界の事物として登場する。

325 目の見えない状態は、九九Bでの暗闇での手探りの比喩を受ける。

326 「言論（ロゴス）の中での探究」は哲学全般の方法であるが、ここでは特に、イデア原因論の基礎定立を指す。

327 「言論」を「水などに映った像」に喩えることで、劣ったものにおいて考察するという含意はない、という意味。

328 この対比は、私たちが依拠すべきものが、経験される「事実 fact」の地平には存在せず、その根拠は言論を通じて探究されるという哲学のあり方を明瞭に示す。

329 「基礎定立 hypothesis」の方法は、やや異なる形で『メノン』第三部、『ポリテイア』第六巻「線分の比喩」と『パルメニデス』第二部で用いられる。

(100)

四九

「では、次のように語ろう。なにも目新しいことではなく、とりわけ先ほどの言論
でも用いたし、いつも語ってきたことだ[330]」とソクラテスは言いました。「私がこれま B
で取り組んできた形の原因を君に示す試みへと向かい、何度も語られた彼《か》のものへと
再び戻って、それから始めるのだ。即ち、『なにか美そのものがそれ自体としてあり、
善や大や他のすべてもそのようにある』ということを基礎に定立するのだ[331]。もしこれ
がその通りだと君が認めて私に合意してくれるなら、これらから原因を見出し、魂は
不死であると君に示せるだろうと希望しているのだ。」

「いや、確かに、そのことはあなたに認めたこととして、どうぞ躊躇《ためら》わずにやり遂 C
げて下さい」とケベスは言いました。

「では、彼《か》のものに続くことを、考察してくれ。私と同様、君にもこう思われるの
なら。即ち、『〈美それ自体〉以外になにか美しいものがあるとしたら、それは、彼《か》の
〈美〉を分有するがゆえ以外の、他のどんな原因によって美しいのでもない』と私に
は思われるのだ[332]。そして、すべてのものがそうだ、と私は語る。このような原因に、
君は合意するだろうか。」

「合意しますとも」とケベスは言いました。

「それでは、ああいう賢い原因を私はもう理解も認識もできないのだが[333]、もしだれかが私に、なんであれ美しいということの原因が、華やかな色を持つからとか、形や、なんであれそんなものによってだと言っても、別のものは放っておいて——それら別のものすべてにおいて、私は混乱してしまっているのだから——ただこのことを、単純に技巧をこらすことなく、おそらく愚直な仕方で私自身のもとに維持するのだ[334]。即ち、それを美しくしているのは、ほかならぬ彼《か》の〈美〉の臨在であれ、共有であれ、 D

330　直前では九二Dでシミアスも「調和説」を「基礎定立」として提示していた。ここでの方法提示も、けっしてこれまでの探究から独立のものではない。

331　第一の基礎定立。イデアは本篇でも第一部から認められてきたが、ここで改めて基礎に定立され、整合性が試される。

332　イデアを「原因」と見なす後続の命題を第二の基礎定立ととるか、基礎定立は前の一つだけ、または二つの命題をセットとするかで、解釈が分かれている。ここでは基礎定立は二つあると解する。一〇七Bでは「最初の基礎定立」として複数形で言及される。ここに登場する「分有する metechein」は、イデア論のキーワード。

333　先に検討したような、自然学者たちが提案する種類の原因のこと。

どの仕方で、またどう生じたにせよ、それなのだ。[335]いや、これらのどの仕方かという点はまだ強く主張しないが、すべての美しいものは〈美〉によって美しいということは、確言できる。このことを私自身にも他人にも答えることが、もっとも危なげないと私には思われる。これにしがみ付いていれば、けっしてしくじることはないし、私に対しても、他のだれに対しても『〈美〉によって、美しいものどもが美しい』[336]と答 E
えることが危なげないと考えるからだ。それとも、君にもそうは思われないかい。」

「いえ、そう思います。」

「それでは、〈大〉によって、大きいものは大きいし、より大きいものはより大きいのであって、〈小〉によって、より小さいものはより小さいのだね。[337]」

「はい。」

「それでは、もしだれかが『或る人が別の人より大きいのは頭によってであり、その同じ頭によってより小さい人はより小さい』と主張しても、[338]君はそれを受け入れずに、こう証言するだろう。『私はこれ以外のことは言いません。即ち、或るものが別のものより大きいのは、すべて〈大〉による以外で大きいのでなく、まさにこれ、つ 101A
まり〈大〉によってより大きいのです。他方で、より小さいものは〈小〉による以外では小さくあり得ず、まさにこれ、つまり〈小〉によってより小さいのです』と。

思うに、もし君が、或る人が頭によってより大きいとか、より小さいとか言ったら、なにかの反対する言論に出くわすのではないかと恐れているのだ[339]。その反論はこんな風に主張する。即ち、『まず、より大きなものがより大きく、より小さいものがより小さいのは同じものによってなのか。次に、頭は小さいのに、それによってより大きな人がより大きいのか。いや、このことも不思議ではないか。なにか小さなものに

B

---

334 ここで示される「愚直な原因」の論は、後に拡張されていく。

335 パピュロス断片に依拠した底本の改訂案では、「どのように呼ばれるにせよ」となる。「臨在 parousia」や「共有 koinōnia」は、「分有 methexis」の言い換えで、イデアと感覚物の関係を表す。ここではそのどれが適切かは保留される。

336 底本と異なり、B、D写本に従い「なる」を読まない。

337 ここでは「より大きい、より小さい」という比較の事態を説明するために、「大、小」のイデアが基礎定立されている。

338 「頭によって」という「大、小」の原因説明は、九六Dで提出されていた。

339 擬人化された「反対する言論」が、ソフィスト的な口調を借りて、以前の原因説明が持つ問題点を指摘する。

よって、だれかが大きなものであるというのは』と。それとも、君はこういった反論が怖くはないのかい。」

すると、ケベスは笑って言いました。[340]「怖いですとも。」

「それでは」とソクラテスは言いました。「十は八より二によってより多いとか、この原因によって超過しているとか、君はそう言うのを恐れるだろう。[341] そうではなく、〈多〉でとか、〈多〉によってとか言わないだろうか。また、二尺は一尺より半分によってより大きいのであり、〈大〉によってではないと言うのを恐れることだろう。それは同じ恐れだからね。」

「もちろんです」とケベスは言いました。

「では、どうだろう。一に一が加わる場合、この付加が二の生じる原因であるとか、切り分けられる場合、その切断が原因だとか言わないように、君は気をつけるのでは C ないか。そして、大声でこう叫ぶだろう。『各々のものが生じるのは、分有する対象それぞれの独自の実在のあり方を分有すること以外ではないと、あなたは分かっていません。今出された例でも、二が生じる原因は〈二〉を分有することにほかならず、二であることになるものは〈二〉を分有するはずで、一であることになるものは

〈一〉を分有するはずなのです』と。だが、あれら切断や付加や、他のそういった賢い原因については放っておくだろう。それに答えるのは、自分よりも知恵ある人に任せてね。君の方は、いわば『自分の影を恐れる』ように[342]、自分の無経験を恐れつつ、 D
基礎定立のこの安全性にすがりついて、あのように答えるのだ。

他方で、もしだれかがあの基礎定立そのものにこだわるとしても、それは放っておいて、その基礎定立から生じた帰結が君には互いに調和しているか、それとも調和していないか考察するまで、答えなくてよい。それで、あの基礎定立そのものについて言論を与えなければならない時には、高次のもののうちで最善だと思われる別の基礎定立を再び立てて、なにか十分なものに到達するまでは、同じように言論を与えるのである。[343]

他方で、反論術の専門家のように[344]、始点について論じると同時に、その始点から生 E

340　ケベスはなぜ笑ったのか、考えてみよう。
341　数の例は、九六E-九七Bを参照。
342　アリストファネスの喜劇『バビュロニア人』（散逸）にこの表現が使われていた。

じた帰結を論じて、言論を混乱させてしまうことはないだろうね。[345] もし君が本当に、真にある実在を発見したいのであれば。あの人たちは、おそらく、このことについてなんの言論も関心も持っていないのだから。いや、彼らは、万物を渾然と混ぜ合わせても、なお知恵によって自己を満足させられるほどの連中なのだ。だが君の方は、いやしくも知を愛し求める哲学者の一人なら、思うに、私が言っているように議論することだろう。」

「もっとも真実なことを、あなたはおっしゃっています」と、シミアスとケベスが同時に言いました。

エケクラテス　ゼウスの神にかけて、パイドンさん、彼らの反応はもっともです。[346] あの方はこれらのことを、わずかな知性しか持たない者にも、驚くほど明瞭に話しておられると、私には思われますので。

パイドン　いや、まったくおっしゃる通りです、エケクラテスさん。その場に居た全員にも、そう思われました。

エケクラテス　私たち、その場に居合わせなかった者たちでさえ、今聞いていてそう思われたくらいです。それでは、この後で一体何が語られたのでしょうか。

（四）魂の不死・不滅の最終論証

五〇
パイドン　私が思い出すところでは、次のとおりです。

343 ここで示される方法は、基礎定立がそこから生じる帰結の不整合で廃棄されること、さらに別の命題を選んで基礎に定立することである（一〇〇A）。イデア原因論もそういった仮説の一つである。

344 「反論術の専門家」は、「言論嫌い」の議論で避けられるべき立場として言及されていた（九〇B–C）。

345 議論の前提と帰結を区別して論じることは、論理の基本である。アリストテレスも『ニコマコス倫理学』第一巻第四章一〇九五a–bで、この点でプラトンに言及している。

346 イデア原因論が始まったこの時点で、エケクラテスからの最後のコメントが入る。

これらのことがソクラテスに合意され、さらに、形相の各々があり、それら自体を分取する他のものどもがそれらに由来する名を持っていることが同意されたので、[347]その後で彼はこう尋ねました。 102B

「さて、もし君が、これがその通りだと言うのなら、『シミアスがソクラテスより大きく、パイドンより小さい』と言う時、[348]その時君はシミアスの内に両方、つまり大と小とがあると言うだろうか。」

「はい、私はそう言います。」

「だが実際、『シミアスがソクラテスを超えている』ことについて、真実はこの言葉で語られている通りにあるのではないと、君は同意するだろうか。つまり、シミアスがこの私を超えているというのは、シミアスであるという点で、どうやら本性上でそうなのではなく、彼が偶々持っている〈大〉によってそうなのだから。[349]また今度は、 C
ソクラテスを超えるというのも、ソクラテスがまさにソクラテスであるからではなく、ソクラテスがシミアスの〈大〉に対して〈小〉を持っているからなのだ。」

「真実です。」

「また、シミアスがパイドンによって超えられているというのも、パイドンがパイドンであることによってではなく、パイドンがシミアスの〈小〉に対して〈大〉を持っているからではないか。」

「その通りです。」

「それでは、このようにシミアスは『小さい』と『大きい』という、イデアに由来する名を持っていて、両者の中間にいるのだが、パイドンの〈大〉には超えるための〈小〉を補い、他方、私には〈小〉を超える〈大〉を提供するのだ。」

同時に、微笑んでこう言いました。「どうも書き物のように話そうとしてしまって

D

347 「イデア idea」と同義の「形相 eidos」という語は、ここで初めて用いられる。感覚される事物はイデア＝形相を分取し（変化）、分有する（状態）ことで、それに派生する名で呼ばれる。例えば、「美のイデア」に与るものが「美しい」と呼ばれる。

348 老人のソクラテスは身長が低く、パイドンが長身で、シミアスがその中間であった。

349 「シミアスが持つ大、シミアスの内なる大」は「大それ自体＝大のイデア」と区別され、それを分有して生じるもので、現代では「内在形相」とも呼ばれる。『ティマイオス』四八E–五一Bではイデアの「像」として論じられる。ここでの「持つ echein」は感覚物と内在形相間との関係を表し、感覚物とイデアとの関係を表す「分有する」から用語上区別される。内在形相の存在論的身分については、研究者の間で議論が続いている。

いるようだが、[350]しかし、とにかくきっと私の言っている通りなのだ。」

ケベスは賛成しました。

「私が話しているのはこのため、つまり、私にそう思われることを君にもそうだと思ってもらうよう望んでのことだ。さて、私にはこう思われる。〈大〉それ自体は、同時に大きいものであり、かつ小さいものであろうとけっしてしないだけでなく、私たちの内にある〈大〉も、けっして〈小〉を追加で受け入れることはなく、超えられようともしないと思われるのだ。そうではなく、二つのうちの一方、つまり、反対のものである〈小〉がそれに近づいてくると、〈大〉は場所を譲って逃げ出すか、あるいは、〈小〉がやって来たら滅んでしまうか、そのどちらかなのだ。[351]だが、それは留まって〈小〉を受け入れ、まさにそれであったものと別のものであろうとはしないのだ。ちょうど私の場合、〈小〉を受け入れて留まって、それでもなお私が私でありながら、その同じ私が小さいものでもあるというように。[352]他方で、彼《か》の〈大〉は、大きいものでありながら、小さいものであることを甘受しない。同様に、私たちの内にある〈小〉も、けっして大きいものになったり、大きいものであったりしようとはせず、また、反対のもののうちどれでも、まさにそうであったものでありながら、同時に反対のものとなったり、反対のものであったりしようとはしない。そうではなく、この状態において、それは立ち去るか、滅びるかのどちらかなのである。」

「まったくその通りだと、私には思われます」とケベスは言いました。

五一

すると、その場にいた一人がこれを聞いて言いました。それが誰だったか、私ははっきり憶えてはいませんが。[353]

103A

---

350 文書の書き言葉のように厳密に語っている点を、やや自嘲的にコメントしている。

351 内在形相同士に起こる事態は、軍事的な比喩「退却、滅亡、降参」で語られる。ここでは、内在形相がその場からなくなることは、「逃げ出す」か「滅びる」かどちらかの事態として説明される。内なる形相も超越イデアと同様に、それと反対のあり方をすることはけっしてない。

352 ソクラテスはパイドンやシミアスとの関係では、内に〈小〉というあり方を持っているが、もし小さな子供と並んだら〈大〉を持つことになり、内にあった〈小〉は、どこかに行ってしまう。

「神々にかけて、私たちの以前の議論では、今語られたのとまさに反対のことが同意されていたのではありませんか。即ち、より小さなものからより大きなものが生じ、より大きなものからより小さなものが生じる。直截に言うと、生成とはまさにこれ、つまり、反対のものの間にあり、反対のものから生じるのだと[354]。ですが今は、生成はけっしてそのように生じえないと主張されているように、私には思われます。」 (103)

ソクラテスは頭をそちらに向けて耳を傾けると、こう言いました。「いや、男らしく思い起こさせてくれたね。しかし、君は今語られたことと、あの時語られたこととの違いが分かっていないのだ。B 先ほどは、反対である事物から反対である事物が生じると言われていたが[355]、今は、反対のものそれ自体が、それ自身に対してけっして反対になることはないと言われているのだ。それが、私たちの内にあるものでも、本性におけるものでもね[356]。友よ、あの時は、反対を持つ事物について私たちは語っていたのであり、彼《か》のイデアに由来する名でそれらを呼んでいたのである。だが、今語っているのは、彼《か》のイデアそれ自体についてであり、その名で呼ばれる事物はそれが内にあることでその名を得ていたのだ。だが、彼《か》のものそれ自体は、けっして相互の生成を受け入れようとしないだろうと、私たちは主張しているのだ。」 C

こう言うと同時に、ソクラテスはケベスの方を見やって言いました。

「ケベス君、この人が言ったことのなかで、なにか君をも混乱させることがあったかね。」

「いや、今回は」とケベスは言いました。「大丈夫です。ですが、混乱させる要因が多くないとは、私はけっして申しません。」

「それでは、私たちは、無条件にこのことに同意しているのだ。即ち、反対のものは自身と反対のものになることはけっしてないと」とソクラテスは言いました。

「まったくその通りです」とケベスが言いました。

353 素朴な質問をして退けられるこの弟子が誰なのか、おそらく意図的に伏せられている。ソクラテスの仲間で、プラトンに敵対していたアンティステネスの可能性もある。

354 「反対のものからの相互生成論」(七〇C–七二E)を指す。

355 以前の議論では使われていなかった「事物 prāgma」という語が明示され、なにかのあり方それ自体(イデア)と、それに与る事物の状態が区別されている。

356 内在する形相と超越するイデアを指す。

五二

「ではさらに、次のことも私に同意してくれるかどうか、考察してくれ。[357] 君は何かを『熱い』とか『冷たい』とか呼ぶね。[358]」

「はい、そう呼びます。」

「それは、まさに雪とか火とか呼ぶもののことか。」

「ゼウスの神にかけて、そうではありません。」

「そうではなく、その〈熱〉は火とは異なるものであり、〈冷〉は雪とは異なるものなのだ。」

「はい。」

「では、次のことも、君にそう思われるはずだ。即ち、雪でありながら〈熱〉を受け入れて、ちょうど以前の議論で語ったように、[359] そうなってもなお、もとあったままであること、つまり、雪でありかつ熱いということはけっしてないのであって、〈熱〉が近づいてくれば、それに場所を譲って去ってしまうか、滅びるかのどちらかなのだ。」

「無論そう思います。」

D

「今度は、火も、〈冷〉がそれに近づく時には、そこから出て行くか、滅んでしまうかのどちらかだ。しかしながら、火は〈冷〉を受け入れてなおもとあったままであること、つまり、火でありかつ冷たいということは、けっして甘受しないのだ。」

E

「真実をおっしゃっています」とケベスは言いました。

「従って、こういったものの場合、形相それ自体がそれ自身の名に永遠に値すると見なされるだけでなく、彼《か》のものではないが、彼《か》のものがある時にはつねに彼《か》のものの姿形を持っている別のものも、その名に値すると見なされるのだ[360]」とソクラテスは言いました。「だが、さらに次の例で、おそらく、私の言っていることがより明らかになるだろう。奇数はきっと、今私たちが言っているこの『奇数』という名を、つねに持つはずではないか。違うかね。」

357　ここからイデア原因論の応用編が始まる。「美によって美しい」といった愚直で安全な説明から一歩進んで、さまざまな事態の関係を示す賢明な説明が追求される。

358　「熱い、冷たい」の対は、直前で言及された「反対のものからの相互生成論」の七一Bでも使われた。また、自然学者は生物は「熱と冷」から発生すると説明していた（九六B）。

359　一〇二D-Eでは「大きい、小さい」の例でこのことが示されていた。

「無論そうです。」

「では、あるもののうちそれだけが——奇数のことを尋ねているのだが——つねに『奇数』と呼ばれるのか。それとも、ほかにも、まさに奇数であるのではないが、にもかかわらず、本性的にけっして奇数の元を去らないために、自分自身の名と共にいつも『奇数』とも呼ばれるはずのものが、なにかあるのではないか。私は、このことは、たとえば〈三〉や他の多くのものが被る状態だと主張する。まず〈三〉について考えてくれ。〈三〉は、いつも自身の名で呼ばれるものでありながら、『奇数』という名でも呼ばれると、君には思われないか。『奇数』はまさに三そのものであるわけではないのに。いや、それにもかかわらず、〈三〉も〈五〉も、総じて数の半数がこのような本性を持つのだ。その結果、まさに奇数であるものではないのに、それらの各々はつねに奇数であり、今度はまた、〈二〉や〈四〉や、数のもう一方の系列全体は、[361]まさに偶数であるものではないのに、にもかかわらず、そのそれぞれの数はつねに偶数であるのだ。君はこのことに合意してくれるかね。」

「どうして合意しないことがありましょうか」とケベスは言いました。

「それでは、私が示そうと思っていることを、観察してくれ」とソクラテスは言い

ました。「次のことだ。即ち、彼《か》の反対者だけが互いを受け入れないのではなく、そ
れら自体は互いに反対でなくても、つねに反対のものを持つ限りのものは、それらの
内にあるイデアとは反対の彼《か》のイデアを受け入れず[362]、それがやって来ると、滅びるか、
あるいは場所を明け渡すのは明らかだ。それとも、私たちは、〈三〉が、なお三であ C
りながら偶数になることを受け入れる前に、滅んだり、他のそんな状態を被ったりす
ることになるとは言わないだろうか。」

「無論そう言いましょう」とケベスは言いました。

---

360 「美のイデアはつねに美しい」のように、イデアはつねにその名で呼ばれるが、それに与る事物も、イデアと恒常的な関係にある場合、同様にその名で呼ばれる。「つねに」というイデアの永遠性への言及が、重々しさを醸し出している。

361 「奇数」と「偶数」を二つの列に数えるのはピュタゴラス派の「双欄表」であり（アリストテレス『形而上学』第一巻第五章など）、この議論にはその背景も推測される。

362 ここでは「イデア」という語が使われているが、「持つ」という動詞の目的語となっているため、内在形相にあたると理解すべき。「イデア／形相」の語は、区別して用いられてはいない。

「では確かに、〈二〉も〈三〉の反対ではないね[363]」とソクラテスは言いました。

「たしかに、反対ではありません。」

「従って、反対の関係にある形相だけが、互いがやって来ると受け入れずに留まるのではなく、ほかにも、反対であるものがやって来るとそれを受け入れて留まらないものがあるのだね。」

「あなたのおっしゃることは、まったくの真実です」とケベスは言いました。

五三

「それでは、もし私たちに可能なら、それらがどのようなものであるか、規定してみないか」とソクラテスは言いました。

「もちろんです。」

「では、ケベス君、次のものがそうではないか。即ち、占拠するものが、占拠されたものに自身のイデア[364]を持つように強いるだけでなく、なにか反対であるものの形相をつねに持つように強いるものだ[365]」とソクラテスは言いました。

「どんなことをおっしゃっているのでしょう。」

D

「今しがた私たちが言ったようなことだ。即ち、〈三〉のイデアが占拠する対象には、[366]ただ三であるだけでなく奇数でもあるということが必然だと、君もきっと知っているね。」

「無論です。」

「私たちは、このようなものには、その状態を作っている彼《か》の姿形［甲］に反対の形相［乙］は、けっしてやって来ないだろうと主張する。」

「けっして。」

「だが、〈奇数〉のイデアがそれを作っていたもの［甲］にあたる。」

「はい。」

363　二と三は、雪と火と同様、それ自体では反対の関係にはない。偶数と奇数、冷たいと熱いという反対性を介して、相互排除的に振る舞うのである。

364　「持つ」の目的語となっているため、内在形相を指す。

365　この一文にはテクスト上の問題があり、様々な読み替えが提案されている。また、構文上でも不確定要素があって解釈が分かれており、最終論証における争点となっている。

366　ここでも「イデア」は「占拠する」ものであり、内在形相を指す。

「では、これと反対のもの［乙］は〈偶数〉のイデアだろうか。」

「はい。」

「従って、〈三〉には〈偶数〉のイデアがやって来ることはけっしてない。」

「けっしてありません。」

「〈三〉は〈偶数〉と定めを共にしない。」

「共にしません。」

「それでは、〈三〉は非偶数なのだ。」

「はい。」

「では、私が規定しようと言ったこと、即ちなにかに対して反対のものではないが、にもかかわらずその反対のものを受け入れないものは、どのようなものか、という問題を考えよう。例えば、今の場合、〈三〉は〈偶数〉に対して反対ではないが、それだからといってその〈偶数〉を受け入れるということはない。それは、〈三〉が〈偶数〉に対して反対である〈奇数〉をつねにもたらすからだ。さらに、〈二〉は〈奇数〉に対して、〈火〉は〈冷〉に対してそのようだし、他の多くのものも同様だ。

では、こう規定できるか見てくれ。[367] 反対のもの［甲］は反対のもの［乙］を受け入れないだけでなく、それ［甲］がなにの上にもたらされるにしても、それ［甲］と反対のもの［乙］をもたらすようなもの［丙］は、そのもたらすもの［丙］自体が、もたらされるもの［乙］の反対性［甲］を受け入れることは、けっしてないのだと。

　再び、思い出してくれたまえ。何度も聞くのは悪くないからね。〈五〉は〈偶数〉の形相を受け入れず、その二倍である〈十〉は、〈奇数〉の形相を受け入れることはない。実際、この〈二倍〉ということは、それ自体、別のものと反対の関係にあるものだが、にもかかわらず、〈奇数〉の形相は受け入れないのである。[368] また〈一個半〉や、他のこういったもの、つまり〈半分〉は、〈全体〉の形相を受け入れることはなく、また、〈三等分〉やこういったすべてのものもそうなのだ。[369] もし本当に君が付いてきてくれて、この通りだと君にも共に思われるのなら。」

B

367　以下はやや抽象的な一般論であるが、次の例を当てはめると理解しやすい。甲＝奇数、乙＝偶数、丙＝三。

368　「二倍」は「半分」と反対関係にあるが、二倍という性格で特徴づけられるものが「奇数」であることはない。

369　「分数＝部分」は「整数＝全体」の反対と考えられる。

「強力に考えを共有し、付いてきています」とケベスは言いました。

五四

「では再び、初めから私に言ってくれ」とソクラテスは言いました。「私が尋ねることにそのまま答えないで、私の真似をして答えて欲しいのだ。私がこう言うのは、最初に語っていた答え方、例の安全なやり方[370]とは別に、今語られていることから別の安全さを見てのことだ。

では、もし君が私に、『肉体の内に何が生じたら、それが熱くなるのですか』と尋ねたら、安全ではあるが学びの足しにならないあの答え、つまり、『〈熱〉がそれに生じたからだ』と答えるのではなく、今論じられたことから生まれた、より賢い答え、 C
つまり、『〈火〉がそれに生じたからだ』と君に言うのだ。また、『肉体に何が生じると、それが病気になるのですか』と尋ねても、私は『〈病気〉が』とは答えず、『〈熱〉が』と答えるだろう。[371]また、『数に何が生じると、奇数になるのですか』という質問にも、私は『〈奇数〉が』と言わずに、『〈一〉が』と答えるのであり、[372]ほかのことも同様だ。では、これでもう、私が望んでいることを君は十分に分かってくれただろうか。」

「いや、まったく十分に分かりました」とケベスは言いました。

「では、答えてくれ」とソクラテスは言いました。[373]「肉体に何が生じると、生きているものになるのか。」

「魂が生じるからです[374]」と彼は言いました。

「それでは、これは、つねにそうなのかね。[375]」

370　一〇〇D-Eで語られた、愚直な説明。

371　これは「熱が出た」という時の体温の熱であるが、体内には火の要素があると考えられていた。

372　奇数であることの定義は、割り切れる数を「一」だけ超過することであり（アリストテレス『トポス論』第六巻第四章一四二b）、それゆえ「一、モナス」は奇数性の根拠とされる。なお、ギリシア人は一般に、「一」は数の単位であり、数のうちに入らないと考えていた。

373　以上の道具立てを用いて、いよいよ魂の不死、不滅の論証に着手する。

374　『クラテュロス』三九九D-Eで「魂」は「肉体にとって、生きることの原因」とされている。プラトンは、魂（プシューケー）を、なによりもまず生命原理と考えた。

「どうしてそうでないことがありましょうか」とケベスは言いました。

「それでは、魂が占拠するものはなんであれ、つねにそのものに〈生〉をもたらすために、魂はやって来ているのではないか。」

「確かに、そのために来ています。」

「では、なにか〈生〉と反対のものがあるだろうか。それとも、なにもないのだろうか。」

「ありますとも」とケベスは言った。

「それは何だね。」

「〈死〉です。」

「それでは、魂は、自分がつねにもたらすものに対して反対であるものを、けっして受け入れはしないのだ。前の議論から同意されているように。」

「いや、まったく、確かにその通りです」とケベスは言いました。

五五

「ではどうだろう。〈偶数〉のイデアを受け入れないものを、今しがた私たちは何と 105D

名付けたのだろうか。」

「非偶数です」とケベスは言いました。

「では、〈正義〉を受け入れないもの、また、〈学芸〉を受け入れないものは。」

「非学芸であり、もう一方は、不正です」と彼は言いました。

「よろしい。では、〈死〉を受け入れないようなものを、私たちは何と呼ぶだろう。」 E
「不死です」とケベスは言いました。

「従って、魂は〈死〉を受け入れないのだ。」

「はい、受け入れません。」

「従って、魂は不死である。」

「不死です。」

「よろしい」とソクラテスは言いました。「このことは、もう論証されていると私た

375　確立された説明では、魂と「生きる」との関係は恒常的であり、「つねに」という副詞を付け加える必要はないはずだが、ここではその関係が「永遠性」に基づくことを示唆するために敢えて議論に入れられている。

ちは言おうか。それとも、君にはどう思われるかい。」

「いや、まったく十分に論証されています。ソクラテスさん。[376]」

「それでは、ケベス君、どうだろう[377]」とソクラテスは言いました。「もし仮に〈非偶数〉にとって不滅であることが必然的だったら、〈三〉は不滅だったはずではないか。」

「どうしてそうでないことがありましょうか。」

「それではまた、もし仮に〈非熱〉が不滅であることが必然的だったら、だれかが雪に熱をのせる時には、雪は健全で融けないまま、どこかへ退却してしまうことになったはずではないか。雪は、滅びなかったはずだし、また、留まって〈熱〉を受け入れることもなかったはずなのだから。」

「真実をおっしゃっています」とケベスは答えました。

「思うに、これと同様に、もし仮に〈非冷〉が不滅だったら、火に冷たいものが寄ってきた時、火は消えたり滅びたりしないで、健全なまま、どこかへ立ち去ってしまったことだろう。」

「必然です」とケベスは言いました。

106A

B 「それでは、不死なものについても、次のように言うのが必然ではないか」とソクラテスは言いました。「即ち、もし〈不死〉が不滅でもあるのなら、〈死〉が魂に向かってやって来る時、魂が滅びることは不可能である。[378] それは、前に語られた議論から、魂が〈死〉を受け入れることはなく、死んでいる状態になることもないからだ。ちょうど〈三〉が偶数になったり、また〈奇数〉が偶数になったりすることもなく、また〈火〉が冷たくなったり、火の内にある〈熱〉が冷たくなったりすることもないと、私たちが主張したようにね。

376　ここまでの議論で「魂は不死である」という命題の論証が終わった。ここから後は、それに続いて「魂は不滅である」を証明する最終議論となる。魂について「不死性」だけでなく、「不滅性」も証明されるべきことは、八八B、九五C–Dで語られていた。

377　内在形相にあたるものが変化の後でどうなってしまうかという問いをめぐって、退却か消滅かという選択肢が吟味される。ここから始まる三つの「もし仮に」という議論は、反実仮想であって、実際にはそうではないという含意で語られる。従って逆に、三、雪、火の場合、退却が必然ではないことが示唆されている。

378　直前の三つの問いとは異なり、反実仮想ではなく通常の仮定法が用いられている。魂の「不滅性」は、内在形相がとる選択肢の問題で論じられる。

だが、こう言う人がいるかもしれない。即ち、『しかし、〈偶数〉が近づいても奇数 (106) のものが偶数になることがないのは同意された通りだが、〈奇数〉が滅びてその代わりに〈偶数〉が生じているとして、何の支障があるのだろうか』と。こんなことを言う人に対抗して、私たちは『〈奇数〉は滅びない』と主張しつづけることはできない C だろう。〈非偶数〉が不滅であるということはないからだ。もし仮にこのことが私たちに同意されたら、こう主張しつづけるのは容易だったはずだ。即ち、〈偶数〉が近づいてきた時、〈奇数〉や〈三〉は立ち去ってしまうのだと。そして、〈火〉や〈熱〉や他のものについても、こう主張しつづけられただろう。違うかね。」

「まったくその通りです。」

「それでは、今も〈不死〉について、もし私たちにそれが不滅でもあると同意されたら、魂は不死であることに加えて、不滅でもあることになるだろう。だが、もしそ D うでなければ、別の言論が必要となるだろう。[379]」

「いいえ、このためでしたら、ほかの言論は必要ありません」とケベスは言いました。「そう言いますのは、いやしくも不死のものが永遠にあるものでありながら消滅を受け入れるとしたら、ほかに消滅を受け入れないものはなくなってしまうでしょうから。[380]」

五六

ソクラテスは言いました。「いや、神と〈生〉の形相そのもの[381]、そしてもしほかに不死なるものがあるとすればそれも、けっして滅びることはないと、すべての者から同意が得られると思う。」

「たしかに、ゼウスの神にかけて、私も思いますに、すべての人間からも、さらに一層神々からも同意されることでしょう[382]」とケベスは言いました。

「不死なるものは消滅しないものでもあるので、もし魂が不死であれば、それは不

E

379　もし「不死」が「不滅」でないとしたら、という一〇六Bの条件の否定。

380　「永遠である aidion」という条件は、一〇五Dで同意された「つねに aei」から確保される。「永遠にある」ものが「不滅である」ことは、一見証明の必要のない真理に見える。だが、ケベスのこの発言には、性急さや不十分さの恐れもある。

381　〈生〉のイデア、およびその内在形相は消滅を受け入れないという考え。そこで「神」が並べられることに意味がある。神こそ不死で不滅の存在だからである。

滅であるという以外、あり得るだろうか。」

「まったくの必然です。」

「従って、〈死〉が人間に近づく時、どうやら、その人のうちで死すべきものは死んでしまい、不死なるものは健全なままで消滅せずに、〈死〉に場所を譲って立ち去ってしまうのだ。」

「そのように思われます。」

「従って、何にもまして、ケベス君」とソクラテスは言いました。「魂は不死であり、不滅であって、本当に、私たちの魂は冥府にあることになるのだ。[383]」

「私としましては、ソクラテスさん」とケベスは言いました。「今語られたことに反してほかになにか言うことはできませんし、この言論に少しも不信を抱くことはありません。[384]ですが、ここにいるシミアスやほかの者になにか言うことがあれば、黙っていないのがよいでしょう。このような問題について、なにかを語ったり聞いたりしたいと望んでも、今この時を逃《のが》すと、ほかにどんな機会があるのか、私には分からないからです。」

「いや確かに」とシミアスが言いました。「私自身も、語られた言論に不信の点はも

107A

はやどこにもありません。しかしながら、この言論が関わる問題の重大さゆえに、ま
た、人間の無力さにどうしても低い評価を抱いてしまうので、[385] この語られたことにつ B
いても、まだ不信の念が私自身のもとに残るのは致し方ないところです。」

ソクラテスは言いました。「シミアス君、ほかの点もそうだが、このことも君はよく語っている。最初の基礎定立[386]についても、もし君たちにとって信用できるものだと

382　この同意が、魂の不滅を論証する最終的な前提をなす。〈生〉だけが消滅せずに退却するのは、「生＝不死＝不滅が、滅びる」のは単純な矛盾となるからと考えられる。

383　魂が消滅せずに退却するとすると、その行き先は伝統的に「冥府」と呼ばれる場所に違いない。

384　つねに鋭く疑問を提示し反論を提起してきたケベスが、あっさりと結論を受け入れたのは、もしかしたらソクラテスの死を目の前にして、これ以上の議論を求めないという遠慮が働いたのかもしれない。人間の時間の有限性が、言論に限界をもたらす。ソクラテスの対話はいつも「また今度」という、開かれた形で終わっていた。

385　シミアスは人間の言論の限界を「筏」の比喩で語っていた（八五C–D）。

386　この語が複数形なのは、複数のイデアを立てたからとも解されているが、一〇〇B–Cで定めた二つの基礎定立を指すと解する。

しても、それでも、より明らかになるよう検討に付されるべきだ。もしそれらを十分に確定したら、私の思うところでは、君たちはこの言論に従うことになる。それも、人間にとって可能な限りで、最大限に従っていくのだ。また、もしまさにこのことが明らかになったら、もうそれ以上は探究しなくてもよいだろう。[387]」

「あなたのおっしゃることは、真実です。」

四、死後の世界のミュートス

五七

「だが、皆さん、次のことだけは考えておくことが正しい」とソクラテスは言いました。「即ち、魂が不死であるとしたら、私たちが『生きている』と呼ぶこの時間だけでなく、全時間のために配慮が必要であり、もし魂への配慮を怠れば、今、そこで直面する危険は恐るべきものになると思われるのだ。[388] そのわけは、もし仮に死があらゆるものからの解放であったら、悪しき人々にとっては、死んだら、肉体からの解放であると同時に、魂と共にあった自身の諸々の悪徳からの解放にもなるという、ヘル

C

メス神からの恵みとなったことだろう。[389] だが実際には、魂は不死だと明らかになっているのだから、魂にとって諸々の害悪から脱け出し救済されるには、魂ができるだけ善くかつできるだけ叡智あるものになること以外にはあり得ない。魂は冥府に赴くにあたって教育と養育以外のなにものも伴うことはできないが、その二つが、彼《か》の地への道行きが始まるとただちに、亡くなった者に役立ったり害を及ぼしたりする最重要のものにもなると言われているからだ。[390]

さて、このようなことが語られている。即ち、各々の者は死ぬと、生きている間に割り当てられていた神霊がその人を或る場所へと導びこうとする。[391] そこに集められた

D

387　人間が生きている限り、哲学の探究が終わることはない。だが、これから死ぬソクラテスにとって、探究とは何だろう。

388　ここで語られる「魂への配慮」は、ソクラテスの哲学が常日頃から促してきたもので、『ソクラテスの弁明』二九D-三〇Bで最も明瞭に提示されていた。

389　死が万事の終わりなら、生きている間にどれほど悪いことをしてもそれで終わりになる。それは恵みだと皮肉で言われる。ヘルメスは冥府に同道する役割の神である。

390　生きている間に積み上げた魂の教育と養育は、死後の禍福を決める決定的な要因となる。

者たちは裁きにかけられ、[392]この世にいる彼らをあの世へと進ませよと命じられているその導き手とともに、冥府へと歩まなければならない。そして人々は、彼《か》の地で得るべきものを得、待つべき時間を待って、長い時に多くの周期を経て、再びこの地へと別の導き手が連れ戻してくれるのだ。[393]

だが、この道行きは、アイスキュロスの悲劇でテレフォスが語っているようなものではない。彼は『冥府に連れて行く道は単純だ』と語っているが、[394]道は単純でも一筋でもないと私には思われるからだ。いや、彼の言う通りなら、導き手など必要とはしなかったろう。道が一筋だったら、おそらくどこへ行くにも迷ってしまう者などいないはずだから。しかし実際には、多分その道には分岐点や三叉路がふんだんにある。私は、この世での儀礼や慣習を証拠に推察してこう語るのだ。

秩序正しく叡智に与る魂はその導きに従い、そこにある事柄に不知ではないのだが、他方で肉体を欲望している魂は、先ほど言ったことだが、[395]長い間あの肉体や目に見える場所に熱情をかき立てられていたため、多くの抵抗をなし、多くの災難を被って、使命を受けた神霊の手で力ずくでようやくのこと連れ去られて行くのである。他の魂たちがいる場所に到っても、自らが不浄であってなにか不浄なことを為してきた魂や、不正な殺害に手を染めたりその他それに類することや自分と同類の魂が行なうことを為したりしてきた魂は、だれもが避けてそっぽを向き、道行きの同伴者となることも、導き手になることも望まない。その魂は、一定の時が過ぎるまで完全な困難と困惑の状態のままで彷徨《さまよ》いつづけるが、時が満ちたら必然によってその魂に相応しい住処《すみか》へと連れて行かれるのだ。他方で、清浄に適度を保って人生を送った魂は、同伴者や導き手に神々を得て、各々の魂が自身に相応しい場所に住まうのだ。[396]」 C

391 「神霊（ダイモーン）」は守護霊のようなマイナーな神格。

392 『ゴルギアス』五二四Aのミュートスでその場所は「牧場の三叉路」と呼ばれている。『ポリテイア』第一〇巻の「エルのミュートス」でも、死後の魂が集められ裁きを受ける場所が「牧場」とされる（六一四E、六一六B）。

393 ここで死後の魂がたどる運命が簡潔にまとめられている。魂は一定の期間でこの世の生に戻ってくるが、その周期は『パイドロス』二四九A-Bと『ポリテイア』六一五A-Bによれば千年である。

394 アイスキュロス『テレフォス』断片二三九 Radt。

395 八一C-E参照。

五八

「さて、大地には多くの驚くべき場所があるが、それがどのような形状をしていて、
どれほど大きいかは、大地について語るのを常とする人々によっても、考え巡らされ
ていない。私が或る人に説き聞かされたところではね。[397]」
すると、シミアスがこう言いました。「ソクラテスさん、あなたはどうしてそう D
おっしゃるのでしょう。たしかに大地については、私自身も多くのことを聞いていま
すが、しかしながら、あなたが説得されたというその内容は聞いていません。聞かせ
ていただければ嬉しいです。」
「けれども、シミアス君、それらのあり方を詳しく語るのなら、グラウコスの術で
なくてもよいと、私には思われる。しかしながら、これらが真実であることは、グラ
ウコスの術によって説明するよりずっと難しいと思われるのだ。[398] そして私にはおそら
くそれができないだろうし、同時に、もし私にその知識があったとしても、私の人生
はもう、シミアス君、その言論を与えるには十分でないように思われる。しかしなが
ら、私が説得され信じている、大地の姿形がどんなであるか、また、その諸々の場所
について語ることは、私にはなんの支障もない。」 E

「いや、それで十分です」とシミアスは言った。

「それでは、私が説得され信じているのは、まず最初に、もし大地が丸くて[399]、天空の真ん中にあるのなら、大地が落下しないためには空気や他のそういった強制力も必要とせず、大地が天空それ自体で自身に対してあらゆる方向での均等性や、大地そのものの平衡性を備えていれば十分である[400]。平衡な事物とは、なにか均等なものの真ん中に置かれると、どの方向にもより多くもより少なくも傾くことはあり得ないだろう

109A

396 浄らかな魂が天の道に向かい、不正で不浄な魂が地下に降る様は、『ポリテイア』第一〇巻六一四C-Dで描かれる。

397 これが誰から聞いた話なのかは不明。ソクラテス自身の説を「或る人」に仮託したものか、ピュタゴラス派などの世界観かもしれない。

398 このグラウコスが誰を指すかは諸説があるが、『ポリテイア』第一〇巻六一一C-Dで言及される海神であろう。その場合、グラウコスの技術は「予言」を指す。大地の様子を語るだけなら予言がなくても大丈夫だが、真実性は予言でも示せないという意味。

399 「丸い」は空間内の球形を意味し、平面としては形状が円に見える様も指す。大地の形については、球形、半球形、円盤型という様々な解釈があるが、プラトンは当時の科学的知見も取り入れ、球形としたと解する。

し、均等なので傾斜なく留まるのだ。まず最初に、私はこのことを説得されて信じて (109)
いる」。ソクラテスはそう言いました。

「いや正当です」とシミアスは言いました。

「さらに、大地そのものはとてつもなく大きく、私たちはファシス川からヘラクレ B
スの柱までの土地という或る小さな領域に住んでいるのであって、[401] ちょうど池の周り
に蟻や蛙が住んでいるように、海の周りに住んでいるが、[402] ほかにも多くの人々がこう
いったほかの多くの場所に住んでいる。大地の周りには至る所で、姿形も大きさも多
種多様な多数の窪地があり、そこへと水も霧も空気も流れ込んでいる。だが、大地自
体は清浄であり、清浄なる天空の中に位置している。その天空には星々があり、この
ような主題を語るのを常とする人々の多くは『アイテール』と呼んでいる。[403] そして、
その場所ではこれら水や空気が沈殿物となり、絶えず大地の窪地へと流れ込んでいる。 C
私たちは、大地の窪地に住んでいることに気づかず、大地の上の方に住んでいると
思いこんでいて、ちょうど次のような状態にある。[404] つまり、或る者が大海の底の真ん
中に住んでいるのに、自分が海より上に住んでいて、水を通して太陽や他の星々を観
ているのに、海が天空であると信じている。だが、のろまさや非力さのゆえに、けっ

して海の頂点に達したり、海から私たちのいる場所へと出てきたり水面に顔を出したりして、こちらが自分たちのいる場所よりどれほど清浄で美しいかを見たこともなければ、見た者から聞いたこともない。 D
私たちもこれと同じ状態を経験している。つまり、私たちは大地の窪地のようなと

400 大地（地球）が宇宙の中心にあって「平衡」状態にあるため落下しないという考えは、アナクシマンドロスの宇宙論を受けている。他方で、彼は大地を円筒形としており、球形とは見なさなかった。この点で改良が加えられている。

401 ファシス川とはコーカサス地方から黒海に注ぐリオン川を指し、ヘラクレスの柱とはジブラルタル海峡を指す。地中海を中心とするその範囲が、当時「世界」として知られていた。

402 大地の中にある海、つまり「地中海」である。

403 天文学者・自然学者たちは「アイテール」が「土・水・空気・火」に加えた第五の物質で、清浄なる天空を満たしていると考えていた。九八Cでも言及されていた。

404 私たちが住んでいるのは本物の大地に開いた「窪地」の底であるが、それが大地だと思い込んでいるという状況は、『ポリテイア』第七巻五一四A-五一七Aの「洞窟の比喩」に対応する。次の類比を通じて私たちの状況が理解される。海：私たちの大地＝私たちの大地：本当の大地。海水：空気＝空気：アイテール。

ころに住んでいるのに、大地の上方に住んでいると思いこんでおり、空気を天空と呼び、天空である空気の中を星が進んでいるものと考えている。[405]しかしこれも同じことで、非力さとのろまさによって私たちは空気の最果てへと行き着くことができないのである。その理由は、もし人が空気の頂上に昇ったり、翼を得て飛翔したりしたら、頭を出して見渡すことも、ちょうど私たちの世界で魚が海から顔を出してこちらのものを見るように、人は彼《か》の地の事物をも見渡すのである。そして、もし人間の本性が観想することに十分耐えられたなら、彼《か》のものこそが真の天空であり、本当の光であり、[406]真の大地であるのを認識するだろう。私たちが住むこの大地は、岩石もこちらのあらゆる場所も汚染し浸食されてしまっており、ちょうど海の中のものが塩水のもとにあって、海の中には語るに値するものはなにも生えておらず、完全なものはいわば何一つなく、岩穴や砂や膨大な粘土で、土があるところはどこも泥であるような、そんな状態である。[407]そして、私たちのところにある事物の美しさと比べて、まったく判定するに値するものでもない。しかしまた、彼《か》の世界のものは、私たちの元にある事物よりもさらにはるかに優っているように見えるだろう。いや、シミアス君、もし実際物語《ミュートス》を語るのが美しいことなら、大地の上にあり天空の下にある諸々の事物がまさにどのようなあり方をするか、聞く価値があるのだよ。[408]」

「いや確かに、ソクラテスさん、私たちはその物語を喜んで聞きたいものです」とシミアスは言いました。

五九

「さて、友よ、こう語られている」とソクラテスは言いました。「第一に、その大地そのものは、上から観れば十二の皮革片の球のようなもので[409]、多彩な色で区別されて

---

405 星などの天体は、実際にはアイテールの中を進行している。

406 空気の中の光は、水の中で見る光のように本物ではない。「洞窟の比喩」では、洞窟の外の世界が自然光に溢れている状況に対応する。

407 エーゲ海の海は透明だが、プランクトンが少なく生物に恵まれてはいない。

408 「洞窟の比喩」で言えば、外の世界には本物の動植物があるが、洞窟内にはその模像や作り物しかない状況を指す。

409 これは十二の正五角形からなる「正十二面体」を指すと考えられる。『ティマイオス』五五Cでは、その正多面体は宇宙全体の形であるかのように語られる。

いる。その色はこの地でも画家が色見本として用いているものだ。だが、彼《か》の地では 110C
大地全体がこのような色でできており、この地にある色よりもずっと明るく清浄な色
なのだ。[410] 美という点では、大地は驚くべき紫色、[411] 金色、また白いところは白墨や雪よ
りも白く、またこれと同様に、私たちが見てきた色よりもずっと数多くのより美しい
他の色で組み合わされている。大地のこの窪地自体も、それは水や空気で満たされて
いるのだが、他の様々な色の多彩さの中で輝いていて、なんらかの色の姿を提供して D
おり、その結果、大地の一つの姿形が一続きの多彩なものとして現れている。

　この大地はこのようなあり方をしているので、そこではそれに対応した木や花や果
実などの植物が生育している。そしてまた、山や石も同様の類比で、滑らかさや透明
度やより美しい色を持っているのである。この地で讃えられる宝石、即ち、サルディ
ス赤石や碧玉やエメラルドやこういったすべてのものも、それらの一部に過ぎないの
だ。だが、彼《か》の地では、何一つそのようでないものはないし、これらより一層美しい E
のだ。その理由は、彼《か》の地の石は清浄であり、この地の石が流れ込む腐敗物や塩水に
よって被るような浸食や汚染は被らないからである。この地の汚染物こそ、石や土や
他の動植物に醜悪さや病を与えるものなのだが。他方で、大地そのものはこれらすべ

てと金や銀や他のそういったもので飾り立てられている。金銀はもともとあらわに現れ出ていて、量も多く巨大で大地のどこにでもあるのだが、その結果、この大地は幸福な観察者が見る壮観となっているのである。[412]

また大地にはほかにも数多くの動物や人間がいて、そのなかには内陸部に住み、私たちが海のほとりに住むように空気のほとりに住む者もおり、また、大陸の近くで空気が周りを流れている島々に住む者もいる。[413] 一言で言って、私たちが利用する観点から私たちにとって水や海であるものは、彼《か》の地では空気であり、私たちにとっての空気は、彼《か》の地の人々にとってはアイテールなのである。また、季節も彼らにとって程よく混合された気候であり、[414] 彼《か》の地の人々は病気にかからず、この地の者よりずっと長く生きる。[415] そして視覚、聴覚、思慮やこういったあらゆる能力についても、清浄さ

410 「洞窟の比喩」では、外の世界は陽光の下での鮮やかな色彩で満ち溢れている。

411 「紫」は貝紫から作られる貴重で高級な色であった。夕焼けの海の色も指す。

412 「壮観 theāma」は「観想 theōria」がなされる光景であり、イデアの世界を連想させる。

413 窪地の中にある島々というのは、私たちの大地にある高山の頂が空気の層を突き抜けている部分と考えられる。

111A

B

(111)

という点で、空気が水から、アイテールが空気から離れているのと同じ程度、私たちから離れている。さらにまた、彼らは神々の杜《もり》や聖域を持っているが、そこには本当に神々が住んでいて、神々のお告げや神託や顕現や、そういった面と向かった交わりが彼らに生じているのである。[416]
C
そして、太陽や月や星々も彼らによってあるがままに見られており、他の幸福もそれら太陽や月などに随伴している。[417]

六〇

大地の全体と大地をとりまくものは以上のようなあり方をしているのだが、他方で、大地の内にはいくつもの窪みごとに、大地の全体を丸くめぐって多くの土地がある。或る場所は私たちが住んでいる所よりも深く、より開けているが、別の場所はより深いが、私たちの土地より狭い裂け目になっている。また、深さの点で、私たちの土地より浅いがより広い場所もある。[418]
D
さて、これらすべての場所は、大地の下で至るところ互いに通じるように結びついていて、より狭い、より広いに応じた通路を持っているのだ。その通路によって多量の水が互いの土地から土地へと、混酒器に入れられるように流れ込むのであり、[419]また大地の下には途方もなく大きな熱水や冷水の絶え間ない流れがある。また、多量の火や巨大な火の流れもあり、湿った清らかな泥や濁った泥の流れが多くあるのだ。ちょうどシチリアで、溶岩流の前に流れる泥の川があり、[420] 溶岩流そのものが来るように。さて、各々の土地をとりまいて流れが生じるその時々に、それぞれの土地もこれらの火や水や泥で満たされる。[421]

E

---

414 季節とは寒暖のバランスであり、熱い冷たい、乾いた湿ったの混合により快適な気候が成り立つ。

415 だが、本当の大地に住む人々も不死ではない。彼らについては、これ以上は語られない。

416 私たちの世界で人間は間接的に神々に関わるが、本当の大地では神々と共に住み、直接に姿を見ることができる。

417 太陽などを直接に観取することが幸福であり、それに付随する幸福もある。天界の観照が幸福をもたらすという見方が前提とされている。

418 ここで三種の土地が区別される。①地中海よりも深くて広い大穴。②より深くて狭い土地で、川が現れては消える。③浅くて開けた場所があり、そこに湖や海がある。海よりも低い土地として、例えば、死海のような場所が念頭に置かれているのもしれない。

419 クラテール（混酒器）は、酒と水を混ぜ合わせる大型の陶器の甕。そこに異なる多量の液体を流し込む比喩。

420 火砕流や土石流のこと。活火山であるシチリア島のエトナ山の見聞が使われている。

大地の中になにか振動のようなものがあり、これらすべてを上へ下へと動かしている。[422]そして、この振動そのものは、自然本性により次のようになっている。即ち、大地にある裂け目の一つはとりわけ大規模で、大地の全体を貫いて穴を穿《うが》っている。まさにホメロスが語っているものだ。曰く、『はるか遠く、大地の下もっとも深い淵のあるところ』[423]。それを、彼《か》の詩人は別のところでも[424]、また別の多くの詩人たちも、『タルタロス』と呼んでいるのだ。それで、すべての流れはこの裂け目へと一つになって流れ込み、かつ、再びここから流れ出るのであり、それぞれの流れは流れる大地の性質によってそのような性質になっている。すべての流動体がここから流れ出し、ここに流れ込むことの原因は、この流体が基盤も基底も持たないからである。[425]それで、流体が上へ下へと振動し、波のようにうねるのであり、空気も流体の周りにある風も、同じことをひき起こす。それは、空気や風が大地のあちら側に向かう場合も、私たちのいるこちら側に向かう時も、流体に従うからである。また、呼吸する時に息が流れ、その都度吐き出したり吸い込んだりするように、彼《か》の地でも風が流体と共に振動して入ったり出たりする際に、なにかものすごい暴風を生じさせるのである。[426]

さて、水が下方と呼ばれる場所へと引く時には、その流動体は大地を通って彼《か》のものの所へと流れ込み、あたかも灌漑するように、それらを満たすのである。また、彼《か》の地を去ってこちらへ向かう時には、今度はこの地のものを満たし、満たされたものは水脈を通り大地を貫いて流れ、それぞれの流動体がそれぞれのものに通路として通れる場所へと到り、海や湖や河川や泉をなすのである。[427] そして再びそこから大地の下へと潜り、或るものは長距離にわたりより多くの場所を巡り、別のものはより狭い場所を短距離で巡って、再びタルタロスへと流れ込む。或るものは灌漑されていた所よりずっと低いところを巡り、別のものはほとんど高低差のない場所を巡る。だが、す D

421　火山の噴火口や泥沼など、地上にもこのようなものが時々現れる。
422　アリストテレス『気象論』第二巻第二章三五五b–三五六aに一一一C–一一三Cのまとめがあり、地学の理論として真面に取り扱われている。
423　ホメロス『イリアス』第八巻一四行。この一行はタルタロスを説明している。タルタロスについては『ゴルギアス』五二三Bのミュートスでも触れられている。
424　ホメロス『イリアス』第八巻四八一行。やはり、タルタロスの説明。
425　支える基盤がないため、一方向に流れるのではなく、行ったり来たりするという意味。
426　地中にも空気の流れや大風があるが、川や湖の周りで魂が生活することと関係する。
427　断層などを通って、水が地下から吹き出す場所がある。

べての流れは、流れ出る所より下へと流れ込むのであり、或る流れは流れ出たのとちょうど正反対の所に流れ込み、また別の流れは、元と同じ部分に流れ込む。また、完全に円をなして回るものもあるし、蛇のとぐろのように、一度、ないしは何度も大地の周りを巻くものもあるが、それらは可能な限り下へと落ちて、再び流れ込むのである。そして、どちらの場合でも中心部まで流れ落ちることが可能だが、それより先は不可能である。というのは、どちらの流れにとってもそれぞれの部分が上にもち上がっていることになるからである。[428]

六一

さて、ほかにも多くの巨大で多様な流れが存在するが、その中に四つの流れがある。[429] それらの中で最大にしてもっとも外側を円く囲んで流れるのが『オケアノス』と呼ばれる流れで、それと対極にあって反対方向に流れているのが『アケロン』である。これは、他の荒涼とした場所を流れ、さらに大地の下を流れてアケルシアス湖に到る。多数の死者の魂はそこへ辿り着き、定められたいくばくかの時の間——或る者は長く、別の者は短く——そこに留まる。[430] そして再び生き物の生成へと送り出されるのだ。

第三の川はオケアノスとアケロンの両者の真ん中で分岐し、河口の近くで多量の火
が燃えている広い場所へと流れ込み、私たちの所にある海よりも大きな湖、熱水と泥
とで煮えたぎった湖を作る。そこからぬかるみ泥状になって湾曲しながら進み、大地 B
を迂回して別の所へやって来て、アケルシアス湖の端近くまで到るが、その水と混じ
り合うことはない。そして、大地の下で何度も曲折し、タルタロスの中の、より下の
部分へと流れ込むのである。これは『ピュリフレゲトン』と名付けられた川で、そこ
では溶岩流も地上で所かまわず火山岩を噴き出している。

またこの対極に第四の川があり、まず初めに、恐ろしく凄まじいと言われている場

428　この箇所の記述から、大地が球形をなすのか、半球の形状なのかを巡って議論がある。ホメロス以来、地下は果てしなく下方にのびる大地という世界観があったが（クセノファネスも同様）、ここではピュタゴラス派らによる球形の大地という見方が導入されている。その場合、流れは大地の中心を越えて下がることはできない。

429　『オデュッセイア』第一〇巻五一一–五一五行に、オケアノスとこれら三つの川が登場する。大地の周りを流れるオケアノスは「大洋」のこと。

430　後で語られるように、善悪中間の人生を送った人々は、ここで時を過ごす。

所へと流れ込んでいる。その土地はちょうどラピスラズリのような色を全体で帯びている。それは『ステュギオス』[431]と名付けられていて、その川が流れ込んでできた湖は 113C 『ステュクス』と呼ばれる。次に、川はそこに流れ込んで水のなかで恐るべき力を獲得すると、大地の下へと潜り込み、曲折してピュリフレゲトン川とは反対に進み、アケルシアス湖の所で反対側からその川に出会う。そして、この水はなににも混じることはなく、その川も丸く回折しながらピュリフレゲトン川とは反対に進んで、タルタロスへと流れ込むのである。この川の名前は、詩人たちが語るところでは、『コキュトス』[432]である。

六二

これら四つの川はこのようになっているのだが、死者は、神霊が各々に付きそって D いくその場所に到着すると、[433]立派で敬虔に生きた者とそうでない者とがまず裁きにかけられる。そして、その中間の生き方をしてきたと判定された人々はアケロン川に進み、彼らのための小舟に乗り込み、その船で彼《か》の湖へと赴き、その地に住んで、もしなにか不正をなした者ならば、罰を受けて不正な行ないから自らを浄め、それから解

放される。また、善行をなした者は、各々それに相応しい褒美を受けるのである。 E
また、過ちの重大さゆえに癒し難いと判定された人々、即ち、数多《あまた》の甚大な神聖冒瀆や不正で不法な多数の殺人や、他のそういったことを為した者たちは、それに相応しい運命が彼らをタルタロスへと投げ入れて、[434] そこからけっして出られないのである。[435]
他方で、治癒可能だが重大な過ちを犯してしまったと判断された人々、例えば、父 114A
や母に対して怒りから暴力を揮《ふる》ったが、彼らに対して後悔の念を抱いて別の生き方を

431 「憎しみ」の意味。

432 「嘆きの悲鳴」という意味。

433 生前の行ないや生き方に応じて、まず善・悪・中間の三グループに大別される。悪しき行ないをした者がその程度に応じてさらに三種類の道を辿る。アケロン川は中間の者に、コキュトス川とピュリフレゲトン川は治癒可能な悪者に対応し、善者と極悪人はさらにその上下、つまり大地の上方とはるか奥底のタルタロスへと送られる。

434 『イリアス』第八巻一三行の表現が連想される。そこではゼウスが神々をタルタロスに投げ落とすぞと脅しをかけている。

435 癒しがたい悪人がタルタロスから復帰できないことは、『ゴルギアス』五二五C–E、『ポリテイア』第一〇巻六一五C–六一六Aでも強調される。

(114) 送った者、あるいは、なにか別の仕方で人殺しになってしまった者で、彼らはタルタロスへ落ちるのが必然であるが、落ちてから彼《か》の地で一年が経つと、大波が彼らをそこから投げ出し、人殺しはコキュトス川へ、父殺しや母殺しはピュリフレゲトン川へと送り出すのだ。彼らは流れに運ばれてアケルシアス湖の辺りに到ると、そこで大声を出して呼びかける。或る者は、その人が殺した人々に、別の者は暴虐を加えた人々に呼びかけ、嘆願し、自分たちがそこから出て湖に入ることを許し受け入れてくれるようにと請願するのである。[436]
B もし被害者たちを説得できれば、川から脱出して苦しみは終わるのだが、もし説得できなければ、再びタルタロスへと運び去られ、そこからまた様々な川へと送られて、彼らが不正を加えた相手を説得するまでは、こうした目に遭うことがやまないのである。まさにこの罰が裁き手によって彼らに命じられたのだから。[437]

他方で、敬虔な生き方をしたという点で特に優れていたと判定された人々は、まさに牢獄から解放されて自由の身となるように、大地の中のこの場所から解き放たれ、上方の清浄な住処《すみか》へと到って、大地の上方に住まいを定めるのである。[438]
C この人々の中でも、知を愛し求める哲学によって十分に自らを浄め終えた者が、それ以後、肉体から完全に離れて生きるのであり、この地よりもずっと美しい住処に到るのだが、その土地のことをつまびらかに示すのは容易ではなく、今は十分な時間もない。しかし、私たちが詳しく述べてきたこれらのことゆえに、シミアス君、この生涯において、徳や叡智に与るためにあらゆることを為すべきなのだ。褒賞は美しく、[439]希望は大きいのだから。

六三

　これらのことが、私が詳述してきた通りであると断言するのは、分別のある者には相応しくない。しかしながら、私たちの魂とその住処については、こうであるか、あ

D

436　被害者たちはアケルシアス湖にいるが、コキュトス川やピュリフレゲトン川はそれとは隔てられているため、距離をおいて呼びかけることになる。

437　死後の裁判に当たるのは、ミノスとラダマンテュスとアイアコスの三人とされる。『ゴルギアス』五二三E-五二四A参照。

438　この情景は一〇九B-一一一Cですでに概略が描写された。

439　オリンピックの競技会を連想させる。『パイドロス』二五六Bでも人生が競技に喩えられる。

るいはこのようなものであることが、魂が不死だと明らかになっている以上は相応しいのであり、また、その通りだと考える人には敢えて冒険する価値があることだと私には思われる。その冒険は美しいのだから。そして、このようなことを呪《まじな》い歌のように自分自身に謳い聞かせる必要があり[440]、それゆえに、私はもう長いこと物語《ミュートス》を語ってきたのである。

では、このことゆえに、自分自身の魂について恐れずにいるはずなのは、こんな人なのだ。即ち、人生において肉体に関わる他の諸々の快楽や装飾は他人事《ひとごと》として扱い[441]、それとは別のことをもっと成し遂げるべきだと信じてそれらに別れを告げるが、他方で、学ぶことに関わる快さに熱中し、他人事ではなく魂の整ったあり方[442]、即ち、節制、正義、勇気、自由、真理によって魂を秩序づけ、そのようにして冥府への旅を待っている者だ。その人なら、運命が召し出す時にそこに赴くと思っているのだから。

さて、シミアス君にケベス君、そして他の者たちもだが、君たちは今度いつの日にか、それぞれが彼《か》の地へ赴くことになるだろう。だが、私は今もう既に、悲劇詩人ならそう言うだろうが、運命のお召しがかかっているのだ。そして、そろそろ入浴へと向かう時間のようだ。身体を洗ってから薬を飲み、そうして女たちに屍体を洗う面倒をかけないのが、より善いことだと思われるのだ。」

終幕　ソクラテスの死

六四

ソクラテスが語り終えると、クリトンがこう言いました。

「いいよ、ソクラテス。だが、ここにいる者たちやぼくに言いおくことはあるかね。子供たちのことや、ほかになにか、ぼくたちがやっておけば君が喜ぶようなことだが。」

B

440 七七Eも参照。哲学の言葉を呪いのようにくり返し語って魂に刻むことの重要さは、『カルミデス』一五五E-一五七D、一七五E-一七六Bでも示唆されている。

441 肉体に関わる快楽への配慮は、六四D-六五Aを参照。

442 「コスモス kosmos」には「装飾、化粧」という表面的な飾りの意味と、「秩序」という内面的な整いの意味があり、ここではその二義がかけられている。

彼はこう語りました。「クリトン、まさにいつも語っていることだよ。なにも新し (115)
いことなどない。つまり、君たちが自分自身を配慮していれば[443]、なにを為すにしても
ぼくにもぼくの子供たちにも君たち自身にも喜ばしいことをすることになる。君たち
が今、なにか約束などしてくれなくてもね[444]。他方で、もし君たちが君たち自身を配慮
することを怠れば、つまり、足跡に従うように、今語られたことと以前に語られたこ
とに従って生きようとしなかったら[445]、たとえ今この場で多くのことを力強く約束して C
くれたところで、なにをやっても意味はないのだ。」

「それでは、ぼくらは喜んでその通りにしよう。だが、君を葬るには、どんなやり方がよいだろう」とクリトンは言った。

「君が望むやり方で構わない。もしも本当に君たちがぼくを捕まえて、ぼくが君たちから逃げ出さないとしたらね。」

ソクラテスはそう言って穏やかに笑い、同時に、私たちの方に視線を向けてこう言いました。

「みんな、私はクリトンを説得できないでいる。『私』とはこのソクラテスである、即ち、今対話を交わし、語られた言論の各々を配列している者である[446]、ということを。

そうではなく、彼は私のことを、少し後で屍体として見ることになるあのものだと思い、そうして、どのように私を葬ろうかなどと尋ねているのだ。私がこれまでたくさんの議論を費やしてきたこと、即ち、薬を飲んだら、私はもはや君たちの傍らには留まらず、至福の者たちがいる、なにか善き神霊に導かれた場所[447]へと離れて行ってしまうだろうということ、どうやら、このことを私が彼に語ったのは虚しかったのであり、ただ君たちを慰め、同時に私自身を慰めるだけだったように、私には思われてしまう。

D

では、君たちはクリトンに対して私のことで、この人が裁判員たちに対して与えたのとは反対の保証をしてくれ[448]。この男は、私が確かに傍らに留まると保証したのだが、

443 ソクラテスの哲学はいつも同じことを語る。それは「魂の配慮」への促しであった。

444 新たに別になにかを行なうという合意は必要ないという意味。

445 今の言論は『パイドン』を指す。「足跡」は、真実の狩り、言葉の中での探究などの比喩を受けた表現。

446 「対話を交わす」とは、ソクラテスがここにある原因を示している。九八D–九九Aを参照。

447 「エウダイモニアー eudaimoniā」の複数形で、通常は「幸福」と訳される。ミュートスの後で「善く eu・神霊 daimōn」という語義が生きている。

君たちの方は、私が死んだらけっして傍らに留まらず、ここを離れて行ってしまうだろうと保証してほしい。クリトンがより心安らかに耐えられるようにね。つまり、私の肉体が焼かれたり埋められたりするのを見ても、私がなんと恐ろしい目に遭っているのかと私の代わりに嫌がることもなく、葬る段になって『ソクラテスを安置する』とか『葬送する』とか『埋葬する』とか言わないように。」 115E

「ではいいかね、良き友クリトンよ」とソクラテスは言いました。「立派でない仕方で語ることは、それ自体で調子はずれなだけでなく、なんらかの害悪を魂のうちに作り込むのだ。さあ、恐れることなく私の肉体を葬ると言うべきだ。そして、君に気に入る仕方で、とりわけ慣習に適うと思う仕方で葬ってくれ。」 116A

六五

これを語ると、あの方は、沐浴するためにどこかの部屋へと席を立たれました。クリトンは、彼に付き添い、私たちにそこで待っているように命じました。それで私たちは待ちながら、語られた事柄について互いに対話を交わし、検討し直していましたが、時にはまたこの不幸について、私たちにとってどれほど大きいかを語り、父親を奪われた孤児たちが今後の人生をどう送ろうかと考えるような、[449] まさにそんな有り様でした。

ソクラテスは入浴を済ませると、子供たちが彼の傍らに連れてこられました。彼の B
息子のうち二人はまだ小さく、一人は大きくなっていました。そしてあの家の女性たちもやってきて、[450] ソクラテスはクリトンの前で彼らと言葉を交わして要望を伝えると、女性と子供たちには去るように命じ、彼自身は私たちのところにやってきました。すでに日没が近づいていました。ソクラテスはあの部屋の内で長い時間を過ごしたからです。[451]

身体を清めてきて腰を下ろすと、その後はあまり多く語りませんでした。すると、

448　ソクラテスの裁判でクリトンらが三〇ムナの罰金を保証した場面を思い起こす（『ソクラテスの弁明』三八B）。

449　『ソクラテスの弁明』末尾の四一Eでソクラテスが言及した「私の息子たち」が、プラトンら哲学の子供たちを指すことに対応する。

450　最初の場面の六〇Aで、クサンティッペら女性たちは一旦家に帰されていた。

451　別室での家族との別れも、それなりに長い時間がかかった。

十一人の役人[452]の助手がやってきて、ソクラテスの傍らに立って言いました。
「ソクラテスさん、ほかの連中で見るようなことを、あなたからは見ないで済むで C
しょう。彼らに毒薬を飲むように伝えると——役人の命令で仕方なくなのですが——
私に怒りをぶつけて呪《のろ》いの言葉を浴びせるのです。ですが、あなたは、とりわけ、今
までここにやってきたどんな人よりも、もっとも気高くもっとも穏やかでもっとも良
い人だと、あなたが牢獄におられる間に私は見てきました。さらに今も、あなたが私
に対して怒っていないこともよく分かっています。あなたは責任ある人が誰なのかを
分かっているので、彼らに対して怒るのでしょう[453]。さて今、私が何を告げに来たか、
あなたはご存知ですね。さようなら。できるだけ心安らかに、このなすべきことに耐 D
えるようにして下さい。」
こう言うや否や、涙を流し、向きを変えて立ち去りました。
するとソクラテスは、彼の方を見上げて言いました。「君も、お元気で。ぼくらは
そうするよ」と言いました。そして同時に私たちの方を見てこう言いました。
「なんと洗練された人間だろう。この間《かん》ずっと、彼は私のところにやって来ては、
時に対話も交わしたし[454]、きわめて性格の良い男だった。今もまた、なんと気高い涙を

私のために流してくれたことか。さあでは、クリトン、彼が言ったとおりにしよう。薬が磨りつぶしてあったら、持ってこさせたまえ。もしまだだったら、担当者に磨りつぶさせたまえ。」

E するとクリトンがこう言いました。「いや、ソクラテスよ、まだ日は山々の上にあって、沈み切ってはいないと思うのだが。[455] 同時にぼくは、命令が伝えられても、大いに飲んだり食べたり、欲望を抱く相手と交わったりして、すっかり遅くなってからようやく薬を飲む者たちがいるのも知っている。いや、なにも急ぐことはない。まだ

452 「十一人の役人」については、注22参照。

453 この助手は、自分に非難が向けられないように気にしており、命令を下した役人に責任があると言う。だが、ソクラテスが毒杯を仰ぐ「責任＝原因」は、ソクラテス自身の判断にある。

454 ソクラテスが牢獄に留まった一ヶ月の間に、この助手とも哲学の対話を交わしていた。社会で疎まれる職業にある人間とも進んで対話するソクラテスの姿勢が窺われる。

455 処刑は宗教的な理由から日没後とされていた。クリトンのこの言い訳は、シェイクスピア『ロメオとジュリエット』第三幕第五場「ナイティンゲールよ」のやりとりを想起させる。

猶予はあるのだから。」

するとソクラテスはこう言いました。「クリトン、君が言っているような連中なら、当然そんなことをするだろう。彼らはそうすれば得をするとでも思っているのだ。だが、私は当然そんなことはしない。薬を飲むことを先延ばしにしてもなんの得にもならないと思う。むしろ、生きることに執着して、もうなにも残っていないのにそれを惜しむようなことをしては、[456]自分自身に笑いを招くのが関の山だ。さあ、あの男の言うことに従って、その通りにしてくれ。」

六六

クリトンはこれを聞くと、近くに立っていた侍童に頷《うなず》いて合図をしました。すると侍童は部屋を出て、毒薬を与える男を連れてきましたが、それには長い時間がかかりました。[457]その男は、磨りつぶした毒薬を杯に入れてもってきたのです。[458]ソクラテスはその男を見て、こう言いました。

「よろしい、優れた者よ。君はこのことに知識を持っている。何をすればよいのかね。」

B

すると、彼は言いました。「いや、ただ飲んで、両脚が重くなるまで歩き回って、その後横になっているだけでいい。そうすれば、こいつは効くだろう」。そして同時に、その杯をソクラテスに手渡しました。

ソクラテスは杯を本当に優雅に受け取って、エケクラテスさん、怖じける様子もなく肌の色も顔つきもすこしも変えることなく、いつものように雄牛のような目でその男を上目で見て言いました。[459]「どうだね、この飲み物をどなたかに灌奠《かんてん》し奉るのは。[460]それは許されるだろうか、だめかね。」

456　ヘシオドス『仕事と日』三六九行にある格言「中程で惜しめ。底に至って惜しむのはみじめだ」が連想される。

457　新たに磨りつぶすのに時間がかかったのかもしれないが、侍童が主人クリトンの意を汲んで、わざとそんなふりをして時間をかけたのかもしれない。

458　作られた毒薬は、お猪口くらいの大きさの黒色の壺に入れられる。アテネの古代アゴラ博物館にその発掘品が展示されている。他方で、ソクラテスが手にする「杯（キュリクス）」は、小型のワイン酒杯である。

459　ソクラテスは目と目の間が開いていて、牛のような目つきだった。眉のところから見上げる上目遣いの仕草には、おそらくいたずらっぽさがあった。

彼は言いました。「ソクラテスよ、ちょうど飲むのに適切だと思う量だけを磨りつ
ぶしてあるのだ。」
「分かったよ。だが、神々に祈りを捧げることは許されているだろうし、それは為 C
さねばならない。この世からあの世への移住が、幸《さち》あるものとなりますようにと。こ
れを私はお祈りします。どうぞ叶えて下さい。」
こう言うや否や、杯を口に当て、至極冷静かつ穏やかに飲み干しました。私たちの
多くは、しばらくは涙を流さないようにこらえていたのですが、あの方が毒薬を飲ん
で杯を干されたのを見ると、もはや、……私は、意思に反して涙が止めどなく流れ出
て、自分の顔を覆って我が身を嘆き悲しみました。本当に、あの方をではなく、私自
身の運命を嘆いたのです。このような友人を奪われてしまうとはと。 D
クリトンは、私よりももっと前から涙を抑えられなくなっており、席を立ってしま
いました。アポロドロスは、以前にもずっと涙を止められなかったのですが[461]、この時
はさらに叫び声を上げて身悶え嘆き崩れ、ソクラテス自身を除いた、その場に居合わ
せた私たち全員を泣き崩れさせたのです。
すると、あの方はこう言われました。「なんということをやっているのだ。驚いた

人たちだね。私はまさにこのことのために、つまり、こんな失態をしでかさないようにと、女たちを家に帰したのに。私は、静寂において死を迎えるべきだと聞いている。[462]

E
だから、落ち着いて、耐えなさい。」

私たちはそれを聞いて恥ずかしく思い、涙を流すのをこらえました。あの方は歩き回って、両脚が重くなってきたと言って、寝台に仰向けに横になられました。そうするように、あの男は命じていたのです。すると同時に、毒薬を与えたその男が彼に触れて、間《ま》をおいて、両脚や足先を調べて見ていましたが、その後で足先を強く押して

460　神々への奉献として、水や酒などを地面に注ぐ宗教的供犠。クセノフォン『ギリシア史』第二巻第三章五六で描かれる、テラメネスが自分を処刑するクリティアスに毒を捧げる場面との対応で、アニュトスを念頭に置いていると考える注釈者もいる。だが、ソクラテスが死の場面に、告発者への復讐を考えていたとは想像できない。アポロンかヘルメスの神への灌奠であろう。毒薬（ファルマコン）が「医薬」の意味も持つことは、注2参照。

461　アポロドロスの振る舞いについては、五九A-Bで語られていた。

462　ピュタゴラス派の教えかもしれないが、宗教一般の態度かもしれない。

みて、感覚があるかねと尋ねました。あの方は、ないと答えました。その次に今度は脛の部分を押しました。そうして触診する部位を上げながら、私たちに、冷たくなり、硬直しつつあると示しました。そして彼は触りながらこう言いました。「これが心臓までやってきたら、その時、彼は逝くだろう。」

すでに、あの方の下腹部あたりはほぼ冷たくなっていました。すると、顔を布で覆っていたのですが、その覆いを除けてあの方は言われました。これが、ソクラテスが最後に発した言葉です。

「クリトンよ、ぼくたちはアスクレピオスの神様に鶏《とり》をお供えする借りがある。君たちはお返しをして、配慮を怠らないでくれ。[463]」

「そのことは、そうしよう」とクリトンは言いました。「ほかに、なにか言うことはないかね。」

こう尋ねましたが、もはや答えはありませんでした。少しの間《ま》があって身体がピクリと動いたので、あの男が彼の布の覆いを外しました。あの方の目は静止していました。それを見て、クリトンは、口と目を閉じてあげたのです。

六七

これが、エケクラテスさん、私たちの友人で、あの頃私たちが巡り合った人々のうち、語り得る限りでもっとも善く、もっとも叡智に富み、もっとも正しくあった人の、最期でした。[464]

463 ソクラテスの最期の言葉については【補注六】参照。

464 パイドンがソクラテスに向けたのは、「善」(究極の根拠)、「叡智」(魂の真理との出会い)、「正義」(ソクラテス裁判と死後の裁き)という三つの語であった。

補注

一（五八B）

アテナイにはクレタ島ミノス王への約束で、クノッソスの怪物ミノタウロスに生贄《いけにえ》の男女七組、計一四人を捧げる義務が課されていた。アテナイ王子テセウスは自ら進んでその一団に加わり、ミノス王の王女アリアドネの手助けを得て怪物を打ち倒す。それ以来、アテナイは毎年デロス島のアポロン神に使節を派遣する儀式を行なっていた。テセウスが乗ったという船は、木材を接ぎ替えながら、前四世紀末まで使われていたという。プルタルコス『テセウス伝』一五―二三参照。

二（五九B―C）

ここで名前が挙げられた若い仲間は一三名おり（クリトンは名前で呼ばれず、プラトンを含む三名が欠席）、パイドンを加えるとテセウスがミノタウロスから救出した人数に合致する。もしこれが著者プラトンの意図的な数合わせだとすると、ソクラテスをミノタウロス退治の英雄テセウスに見立てる解釈も可能である。その場合、退治する敵は「言論嫌い（ミソロゴス）」になる。さらに、手助けするアリアドネをパイドンと考えると、ソクラテス＝テセウスが自分自身も救ったことになる。

三（六二A）

この文章には多くの議論が交わされてきたが、とりわけ「このこと」が何を指すかについて、①死が生より善いこと（新プラトン主義注釈者ら）、②生が死より善いこと、③自殺をしてはならないこと、で解釈が分かれている。訳者は③の解釈がこの前後の文脈に相応しく、この文章のギリシア語として自然であると考える。

従来の日本語訳は、すべて①を採っていたが、その場合、次の訳になる。

「しかしながら、君にはきっと次のことが驚くべきだと思われることだろう。他のすべてのことの中で、このことだけが端的に成り立っており、人間にとって、ちょうど他の事柄がそうであるように、生きるよりも死んでいる方が、或る特定の時に特定の人々にはより善い、といった区別がけっして存在しないということは。他方で、死んでいる方が善いこの人間たちにとって、もし自身に善いこと〔自殺〕を行なうことが敬虔ではなく、他の手助けをしてくれる人を待たなければならないということは、君にはおそらく、驚くべきことだと思われるだろう。」

だが、訳者のように③の解釈を採る場合、後代のプラトン主義者が強調したような「死が生より善い」という厭世的見方を無条件の前提とする必要がなくなり、プラトンの死生観の解釈に大きな変更が強いられる。詳細は、納富信留「プラトン『パイドン』62Aの"ἔστιν ὅτε καὶ οἷς"」、『フィロロギカ——古典文献学のために——』八、フィロロギカ編集委員会、二〇一三年で論じた。

四（六七C）

「浄化、カタルシス katharsis」は、不純な物質の除去という医療行為、及び、宗教的な浄めを意味する。ここでの「古くからの言論」が、①オルフェウス教の教えを指すのか（オリュンピオドロスの古注等）、②ソクラテスがこれまで語ってきた議論（六四E–六五A、C–D、六六A、六七A–B）を指すのかで論争がある。ここでは①で訳しているが、②の場合「前にこの議論で語られている」となる。①の論拠としては、「一つに集結し凝集する」という表現が物質主義的であること、「古くから」は通常伝統を意味することが挙げられる。

五（七四Ｂ）

ここでは「或る人には、別の人には」（男性形）と解するが、「或る点では、別の点では」（中性形）という解釈もあり、「或る時には、別の時には」という別の写本の読みもある。訳者は、例えば私たち素人には「等しい長さの木材」と見なされる二片が、建築の専門家には（精確さの点で）「等しくない」と見なされる場合を想定している。ここでの「木材、石材」という例は、住居や神殿の建築材料であり、測定に数学的正確さが要求される場合もある。

六（一一八Ａ）

最期の言葉にある「配慮を怠らない」は、一一五Ｂでも確認した「魂＝自分自身の配慮」にあたる。アスクレピオスはアポロン神の子で医療を司る。鶏の供犠は病気の治癒に感謝するために執り行なわれた。

この最期の言葉の意味には実に様々な解釈が提出されてきた。ソクラテスが自身の

「生」という病から解放されたことに感謝してお祈りを捧げてくれと頼んだという解釈が古代から有力であったが、反論や対案も複数提示されている。金山弥平「ソクラテスの最後の言葉」、『西洋古典学研究』六二、二〇一四年に議論のまとめがある。私自身は、「言論嫌い」という病からの治癒回復を示すという解釈を採るが、これがソクラテスが実際に発した最期の言葉であり、プラトン自身が謎として受け止めて書き遺した可能性もある。最終的な判断は各読者に委ねたい。

解説

納富信留

現代に『パイドン』を読む意義

プラトン（前四二七年〜前三四七年）の主著で、西洋哲学史上もっとも影響力を持った哲学書の一つ『パイドン』は、その印象的な描写や本格的な議論にもまして、根本的な難解さを抱えた作品である。私の経験では、大学の授業で自由に哲学書を選んでレポートを書かせる課題において、学生を困らせる躓《つまず》きの石である（もう一冊を挙げれば、キルケゴール『死に至る病』）。

二一世紀に生きる若者が本書に感じる不満には、いくつかの要因がある。魂が身体を離れて転生するなど、非科学的な教説に過ぎないという批判。宗教全般への拒否や古い時代への偏見。また、近代ではデカルトに向けられる「心身二元論」の原型として、まさに現代哲学が否定すべき形而上学とする見方である。なによりも、「魂の不死」を哲学のテーマとすること自体への違和感は大きい。では、古典だからといってありがたく読むという態度ではなく、現代により一層生きる哲学書として『パイドン』を読む可能性はあるのか。本解説ではその道筋を示したい。

プラトンが師ソクラテス（前四六九年頃〜前三九九年）の死を描く『パイドン』は、「魂（プシューケー）」を論じたもっとも古く、もっとも基本的な哲学書である。アリストテレスの『魂について（デ・アニマ）』も、その伝統の上で、自然学の領域において魂のあり方を論じた。『パイドン』は魂が肉体から切り離されて存在し、イデアという実在と関わるあり方を論じる。では、主題である「魂」とは何か。

魂がそれ自体で独立に存在するという見方は、古代に限らず人類の文化で広く受け入れられていた。魂は死ぬと肉体から抜け出てあの世へ赴く。行きそびれた一部の霊魂が幽霊としてこの世に姿を現すこともある。だが、科学技術が発達して人間の身体や心理や生命が解明されてきた現代において、こういった考えは時代遅れの謬見《びゅうけん》と見なされる。それは無効、いや誤った非科学的信念として害悪をもたらすものとも見なされる。

だが、「私」という存在が脳や身体の機能や生理反応に過ぎないとすると、人格や生命の尊厳やかけがえのなさ、生きる価値は説明できるのか。身体の死とともに個体が完全に消滅するのであれば、個々の生命は単に遺伝子を運ぶ物質的な乗り物に過ぎなくなる。あるいは、有限な人生を超えて倫理を構築することが困難になる。だが、遺伝子とて、時間的に有限で可変的な物質構造に過ぎない。自然科学や技術が発達した現代でも、私たちのあり方としての「魂」について、それをどう考えるべきかは、根本的にはまったく解決されていない。

他方で、科学とは無関係に死後の世界や超自然的現象を信じる傾向も、現代社会で若者を中心に広まっている。そこでは、「魂」というものが無批判的に信じられている。対照的に、自然科学が解明する限りの事物が全てであるとする「自然主義」という哲学説にとって、「魂」は物質の振る舞いや機能に過ぎない。双方の立場は、魂とは何か、存在とは何か、について哲学的考察を欠いている。この問題に初めて本格的に挑んだ哲学が、前四世紀前半に書かれた『パイドン』である。

「魂（プシューケー）」は、ギリシア文明最初期に成立したホメロスの叙事詩『イリアス』『オデュッセイア』でも語られていた。『オデュッセイア』第一一巻「冥府行」を読むと、ギリシア人は、人間が死ぬと肉体から魂が抜け出し、地下の冥府（ハーデース）へと下ってそこに留まると信じていたことが分かる。死者の魂は冥府でほとんど意識もないまま影のようなあり方をするが、その後どうなるかは語られない。ただし、この時代には「プシューケー」以外にも魂の機能や役割を表す言葉が複数用いられていた。[1]

だが、ホメロスの時代からしばらく後に、魂が別の生命に生まれ変わるという新しい宗教思想がギリシアに普及する。それは、ゼウスから生まれた新しい神ディオニュソスへの信仰、また、伝説の英雄オルフェウスが創始したとされるオルフェウス教という秘儀宗教であった。古典期の扱いは、例えばエウリピデスの悲劇『バッカイ』に見られる。[2]

同様に、前六世紀後半から前五世紀初頭に南イタリアに渡って共同体を創設したピュタゴラスも魂の輪廻転生を唱え、彼自身も過去の人生の記憶を保持していると主

1　B・スネル『精神の発見 ―ギリシア人におけるヨーロッパ的思考の発生に関する研究―』、新井靖一訳、創文社、一九七四年（原著一九四六年）、第一章参照。この問題提起以来、語彙の多様性をめぐっては、スネル説への批判も含めて議論が続いている。

2　エウリーピデース『バッカイ ―バッコスに憑かれた女たち―』、逸身喜一郎訳、岩波文庫、二〇一三年参照。

張していた。彼はその魂観を、エジプトで学んでギリシアに伝えたとされる。オルフェウス教とピュタゴラス派は類似した死生観を持ちながら独立の関係にあったようであるが、東方に起源を持つこれらの新しい魂観は、前五世紀後半にはギリシアで広く知られるようになった。

死後冥府に留まり続ける魂と、生物から生物へと転生する魂という相異なる魂論の狭間に、ソクラテスとプラトンは位置していた。クセノフォンら他の弟子たちから知る限り、ソクラテス自身がピュタゴラス派の輪廻転生を信じていた節はない。他方で、南イタリアに赴いてピュタゴラス派哲学に大きな影響を受けたプラトンは、魂の転生と不死を基礎に据えた哲学を展開する。

ギリシアでは当時でも、「死」と同時に人間は消滅して無になるという見方が、ごく普通に受け入れられていた。『パイドン』でソクラテスの対話相手たちは、死をめぐるそういった素朴な恐れを再三表明している（七〇A、七七B、D–E）。プラトンの哲学は、ソクラテスの死という衝撃的な出来事に向き合うなかで、私たちの生と死の問題を共に考え、哲学の意義を見出そうとする。それは単なる古典という範囲を超えて、哲学の実践として現代の私たちに強く訴えかけてくる。

『パイドン』が問題として示そうとするのは、「魂」という名称で語られる曖昧で神話的な実体が、死後に肉体から離れて冥府で存在するというお伽話ではない。むしろ、「魂」という言葉によって初めて哲学として語られる私自身のあり方、いや「この私がある」とはどういうことかが、根本的な次元に遡って徹底的に問題化される。それは、現代にもはや問題にする余地がない古い謬見ではなく、現代でも解かれてはいない謎としての「私自身」、そして「私がある」という哲学的難問なのである。ここに問題の核心があり、これを黙過して死後の魂云々を語っても、意味はない。

　プラトンは魂の転生という宗教の形で話を始めながら、やがてそれを超える境位に「魂＝私自身」の実在を位置づけていく。私たちは時間の中で変転するあり方だけを問題にしがちであるが、その「時間」ですらイデア的位相である「永遠」の像に過ぎない（『ティマイオス』三七C－三八A）。根拠への眼差しを欠いたままでは、私たちがこの世界にあること、生きることの意味は不明なままに留まる。その事態に直面しながら、魂の存在を哲学する試みが、この対話篇である。

　『パイドン』は最終的に、「私自身」という魂のあり方が定位するイデアの地平を論じ、それを超える彼方を指し示す。そこでは、個々人という縛りや時間の限定も消失し、宇宙や万物の「ある」の根拠へと私たちの知性を超出させる。後にプロティノスら新プラトン主義の哲学者たちが「一者との合一」として目指す存在の彼方、自己の消失点が、『パイドン』にすでに暗示されているのかもしれない。

この対話篇は二〇世紀の初めにジョン・バーネットらによってピュタゴラス派の影響下にあるソクラテス哲学として解釈されたが、[3] その「バーネット＝テイラー説」が退けられた後、英米分析哲学と連携するギリシア哲学研究において、オルフェウス教＝ピュタゴラス派の背景を「神秘主義」として無視する傾向が顕著になった。そうして『パイドン』はもっぱら哲学理論の書として読まれるようになり、不死論証の妥当性などだけが論じられた。

だが、英米の明晰な研究で見落とされた側面は大きい。近年はその反動として、それらの宗教的背景を正当に顧慮しようとする研究が出始めている。私自身も、次節で示すように、この対話篇を「死」をめぐる神秘の論究という方向で捉えている。「神秘主義 mysticism」を過剰に嫌悪し哲学史から排除する者は、この世界と宇宙が神秘に満ち溢れ、私がここに生きてあることそれ自体が神秘であるという現実感覚を失っている。無論「神秘」と言う言葉の意味が問題であり、軽々に使うべきではないが、現代のそうした不感症を見直し、私たちを目覚めさせてくれる哲学の言論として、『パイドン』は読まれるべきかもしれない。

対話篇の場面は「ソクラテスの死」である。私が「死」をどう迎え、そこで「私がある」ということをどう語ることが可能か、それを正面から問うのが『パイドン』である。そこで対話し、死んでいくソクラテスこそ、「知を愛し求める者（フィロソフォス）」、つまり哲学者の究極モデルであり、私たちに絶対を顕現する存在である。この対話篇が、ソクラテス裁判を舞台にした『ソクラテスの弁明』の言論を完成させる。プラトンの哲学は、まさにこの二つの対話篇の間で始まった。その内容を確認していこう。

対話篇の構成

プラトン中期の対話篇に位置づけられる『パイドン』は、「魂（プシューケー）につ

3 ジョン・バーネット『プラトン哲学』、出隆、宮崎幸三訳、岩波文庫、一九五二年（原著一九二八年）、第二章参照。

いて」という副題をもつ。標題は対話の報告者パイドンに由来するが、プラトン自身の付けたタイトルであることは、アリストテレスによる言及からも確認される。[4] 副題についても、プラトンに帰される『第一三書簡』で、この対話篇が「魂について」の名で呼ばれている（三六三A）。

プラトン対話篇の中で『パイドン』は、『ポリテイア（国家）』『法律』という大作と『エウテュフロン』『クリトン』などの小品との間に位置する中規模の作品である。見出し等が一切ついていない対話篇を読むにあたって、議論構成をどうとらえるかは決定的に重要となる（区切りや見出しは、すべて現代の訳者が付した解釈である）。訳者が理解する『パイドン』の構成は、以下の通りである。

序幕　パイドンとエケクラテスの対話　第一〜二章（五七A-五九C）

第一部　浄化の道

1、対話の導入　第三〜五章（五九C-六一E）

2、哲学者のあり方

（1）自殺禁止論　第六〜七章（六一E-六三B）

（2）第二の弁明「死」の練習　第八～一三章（六三B－六九E）

3、魂の不死の論証

（1）疑問の提示　第一四章（六九E－七〇C）

（2）反対のものからの相互生成論　第一五～一七章（七〇C－七二E）

（3）想起説　第一八～二四章（七二E－七八B）

（4）類似性による議論　第二五～二八章（七八B－八〇B）

4、魂の死後の定め　第二九～三四章（八〇B－八四B）

第二部　観照への道

1、議論の再開

（1）シミアスとケベスの反論　第三五～三七章（八四B－八八B）

（2）ミソロゴスとその克服　第三八～四〇章（八八B－九一C）

4　『生成消滅論』第二巻第九章（335b10）、『形而上学』A巻第九章（991b3）、M巻第五章（1080a2）、『気象論』第二巻第二章（355b32）。これらの直接言及を中心とする批判的な検討箇所は、アリストテレスがこの対話篇をどれほど重視していたかを示す。

2、シミアスへの反論への応答　第四一～四三章（九一C－九五A）

3、ケベスの反論への応答

（1）反論の確認　第四四章（九五A－E）

（2）原因の探究と失敗　第四五～四七章（九五E－九九D）

（3）第二の航海とイデア基礎定立　第四八～四九章（九九D－一〇二A）

（4）魂の不死・不滅の最終論証　第五〇～五六章（一〇二A－一〇七B）

4、死後の世界のミュートス　第五七～六三章（一〇七B－一一五A）

終幕　ソクラテスの死　第六四～六七章（一一五A－一一八A）

（傍点を付した四箇所が、いわゆる「魂の不死論証」にあたる）

パイドンの語りからなる外枠の中に、ソクラテスらが対話を交わす本論がある。本論は、第一部で語られる「魂の転生」と、第二部で再論される「魂の不死・不滅」からなる。その二部の間にある決定的なレベル差を見極めることが肝要である。

ここで議論の流れを、ソクラテスが前半部で言及する密儀宗教（オルフェウス教やエレウシス秘儀）の体験に当てはめてみよう。第一部は、魂が肉体の不浄を取り除き純粋になる「浄化 katharsis」の言論にあたり、この言論そのものが対話者の魂を浄化していく。第二部では「黙想 myēsis」とも言うべき反省の段階がくる。ソクラテスと仲間たちは二度、沈黙の時をもつ。最初は浄化の言論が完了してその余韻のなかであらたな疑問が提起されるまで（八四B－C）、もう一度は、根本的な問題に直面したソクラテスが語り始める前である（九五E）。宗教体験において黙想はいまだ入門の段階に過ぎないが、さらに高次に進めるかどうかを試す分岐となる。そうして目指される「観照 epopteia」という最終段階は、「言論（ロゴス）の中での探究」と、その遂行としてイデアを論じる最終論証がなんらかの仕方で対応するように見える。

この比定が著者の意図に沿うものであれば、『パイドン』篇そのものが宗教体験の導入と訓練、その完成への途を体現していることになる。プラトンは『饗宴』のディオティマによる「美の階梯」でも、エレウシスの小秘儀と大秘儀に擬した語りを用いていたことを想起しよう（二〇九E－二一二A）。

本書の中核をなす「魂の不死」としては、第一部に「反対のものからの相互生成論、想起説、類似性による議論」の三つの論証がなされ、第二部ではイデア論に基づく「最終論証」が与えられる（構成表では傍点を付した）。合わせて四つの論証が数えられるが、それらの間には、既述のようなレベル差が認められる。

対話篇の枠組み

対話は、ソクラテスの弟子の一人パイドンが、エケクラテスを相手にソクラテス最期の一日の対話と様子を報告するという設定をとる。外枠部は二人の戯曲形式（直接対話）であるが、途中から実質的にパイドンによる報告（間接対話）となる。直接対話篇と間接対話篇の技法を使い分けたプラトンが、両者を組み合わせた文学的な傑作である。序幕での言論を導入するやり取り（五七A－五九C）の他、ミソロゴス（言論嫌い）が語られる中間部（八八C－八九A）、及び、イデア原因論が提示される後半部（一〇二A）で、パイドンとエケクラテスの短いやり取りが復活する。ソクラテスの死の場面でも、聞き手エケクラテスへの呼びかけが挿入される（一一七B、一一八A）。この対話を読む私たち読者は、あたかもエケクラテスら、パイドンの報告に耳を傾ける聴衆のように、言論《ロゴス》に没入することになる。

パイドンはその日の様子を、早朝から日没後まで回想する。牢獄内では、諸事に世話をやく親友クリトン、刑を執行する役人の補佐人、妻クサンティッペらがソクラテスと言葉を交わしていた。友人たちとの対話では、テーバイからやってきたシミアスとケベスの二人が主な相手となり議論が行なわれるが、途中で、特定されない仲間からの質問に答える場面もあり（一〇三A–C）、多くの弟子がその場で対話に加わっていた様子が示唆される。ただし、プラトンは不在とされる。

ここで重要なのは、対話の内と外で対話を遂行する語り手パイドンである。つまり、彼は、一方で牢獄での対話に加わり、他方でそれをプレイウスの人々に伝え対話する役割を担う（図1参照）。クライマックスとなるミソロゴス（言論嫌い）の議論では、対話報告者であるパイドン自身がソクラテスと交わす印象的なやりとりが挿入される（八九A–九一B）。これは、エケクラテスら聞き手が言論不信への共感を表明した直後であり、読者を牢獄の場面へと直接に引き入れる文学的効果をもたらす。

対話篇読者である私たちは、とりわけその場面で、エケクラテスらと一緒にパイドンの報告を聞きながら、牢獄でソクラテスたちの対話を聞く者に感情移入し、そこに臨席することになる。言論への不信にとらわれる私たちは、パイドンと同様ソクラテスにやさしく声をかけられ、こころの情態の危機から救われるのである。「言論嫌い」という病への警戒は、一人称で語るパイドンとのやり取りで行なわれる。

図1『パイドン』の語りの構造

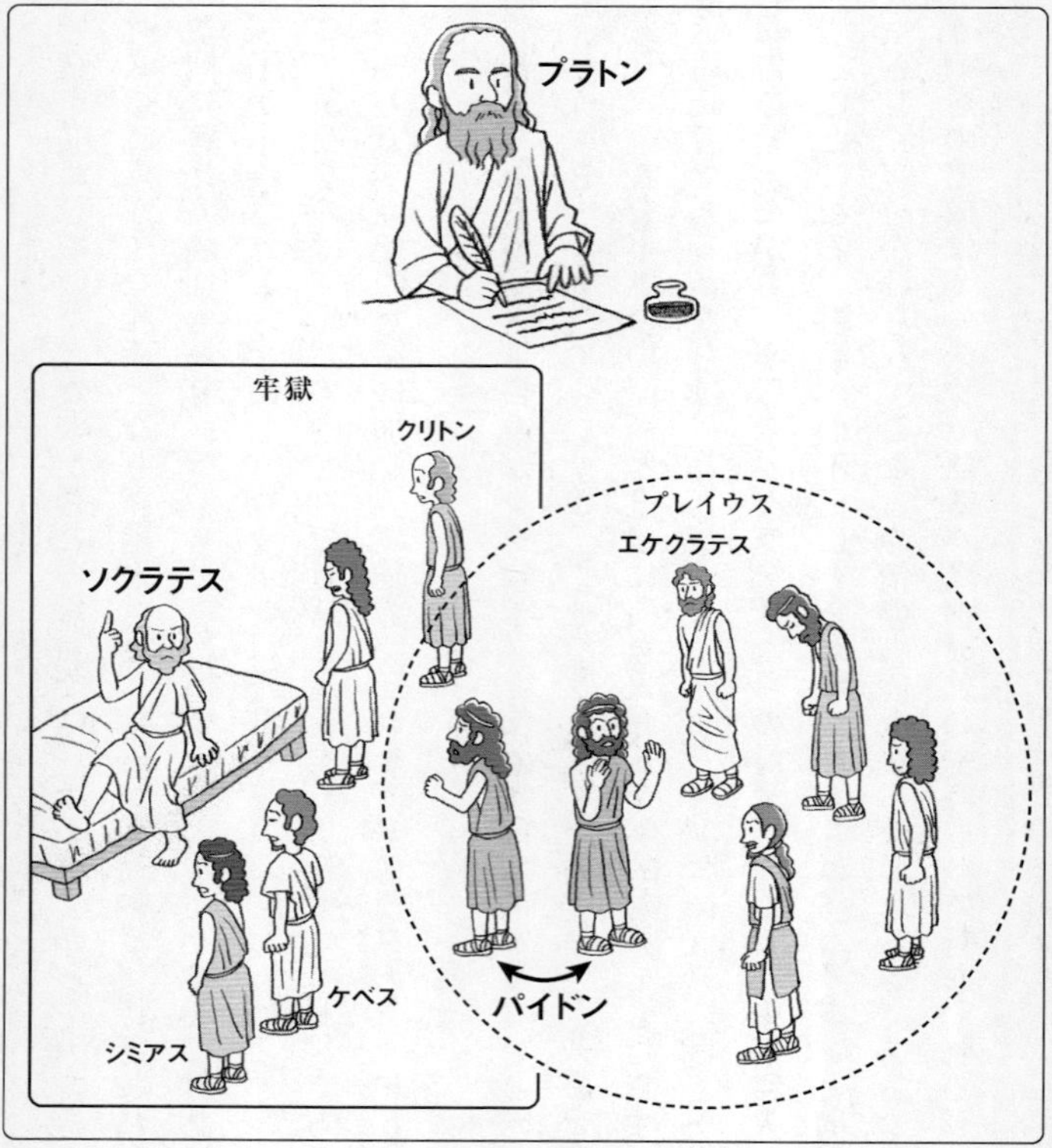

ソクラテスの最期に立ち会ったパイドンが、その様子を語り聞かせるという設定で、『パイドン』の言葉が語られていく。

対話篇の冒頭でエケクラテスは、「あなたご自身が、パイドンさん、ソクラテスの傍におられたのですか」（五七A）と尋ねた。それは、パイドンが牢獄に臨在し、その場に立ち会って牢獄でソクラテスと対話を交わしたことの確認となっている。対話形式になっていない部分でも、パイドンから聞き手たちへの語りという形式は維持されている。ソクラテスの死の描写を終えた語り手は、その報告をこう締めくくる。

「これが、エケクラテスさん、私たちの友人で、あの頃私たちが巡り合った人々のうち、語り得る限りでもっとも善く、もっとも叡智に富み、もっとも正しくあった人の、最期でした。」（一一八A）

対話の設定

前三九九年春にソクラテスはアテナイで「不敬神」の罪状で裁判にかけられ、二度の評決の結果、死刑となった。その裁判での彼の言葉と振る舞いを哲学作品に仕上げたのが『ソクラテスの弁明』である。[5] 通常即日に執行されるはずの処刑は、アポロン神の祭祀《さいし》という偶運によって延期され、ソクラテスは一月を牢獄で過ごした。これは異例の猶予期間であり、その間に仲間たちが脱獄を勧めてソクラテスが拒否したとの話も伝わっている。[6]クリトンはその脱獄計画で、テーバイ人シミアスとケベスが資金提供してくれると語っていた（『クリトン』四五B）。

パイドンとエケクラテスの対話が交わされる地、プレイウスは、ペロポネソス半島北東部の山間にある小ポリスで、大国の間で政治的に翻弄されてきた。[7]冒頭のやり取りから、この時期アテナイとの交流が頻繁ではなかったことが窺われる。その地の人々は、ソクラテス裁判と判決については聞き知っていたものの、一月後の死刑について詳細な情報は得ていなかった。祭祀が終わっていよいよ死刑が行なわれる最期の一日に臨在した弟子パイドンは、そのしばらく後に、なんらかの事情でプレイウスに立ち寄ったのであろう。そこで人々の求めに応じて、ソクラテスの死を語ることになる。それは、おそらく故郷エリスに帰る途上の出来事であった。エリスは聖域オリュンピアを管轄するペロポネソス半島北西部のポリスで、ソフィスト・ヒッピアスの出身地としても知られるが、パイドンはやがてその地で「エリス派」と呼ばれる哲学学派を興すことになる。

小ポリスであるプレイウスは「哲学」の歴史においては重要な地と見なされてきた。後二世紀の旅行家パウサニアス『ギリシア案内記』（第二巻第一三章）によると、ピュタゴラスの祖先がこのポリスの出身で、サモスに亡命したとされるからである。ピュタゴラス自身が前六世紀後半にそのサモスから亡命して南イタリアに赴く折に、この先祖の地を訪れたと推測される。それは、その地の領主レオンと交わされた対話で「哲学者（フィロソフォス）」という新語を用いたと、キケロやディオゲネス・ラエルティオスによって報告されているからである。[8] プレイウスという地は、ピュタゴラス

5　ソクラテス裁判とプラトンによる「真実の創作（フィクション）」については、プラトン『ソクラテスの弁明』、光文社古典新訳文庫、二〇一二年の拙訳・解説参照。クセノフォンらにより、同名の著作が当時複数発表されていた。

6　プラトンは『クリトン』で老友クリトンにその説得役を務めさせているが、若い弟子のアイスキネスだったという説もある（ディオゲネス・ラエルティオス『哲学者列伝』第二巻第七章六〇）。

7　プレイウスと哲学をめぐる事情は、拙著『哲学の誕生 ―ソクラテスとは何者か―』、ちくま学芸文庫、二〇一七年（『哲学者の誕生 ―ソクラテスをめぐる人々―』、ちくま新書、二〇〇五年の増補改訂版）、第一章を参照。

家の故郷であり、まさに「哲学（フィロソフィアー）」という語が生まれた土地として、古代において記憶されていた。

おそらくその関係であろうが、政治的対立によって前五世紀半ばに南イタリアを追われたピュタゴラス派の人々がこのプレイウスを拠点の一つとしており、その中心人物がエケクラテスであった。パイドンはピュタゴラス派の中心地に赴いて、その代表的哲学者たちを相手に「哲学者ソクラテス」の死について語っているのである。

パイドンは、プラトンらと並ぶソクラテスの弟子の一人で、『ゾフュロス』『シモン』といった「ソクラテス対話篇」を執筆したとされる。ディオゲネス・ラエルティオス『哲学者列伝』に収められた小伝（第二巻第九章）によれば、彼は少年の頃に戦争捕虜としてアテナイに売られ、男娼として不幸な生活を送っていた。その才能を惜しんでクリトンの援助で自由身分に解放してくれたのがソクラテスであるという。パイドンにとってソクラテスは、哲学の師であるだけでなく、肉体の汚れた欲望から魂を救ってくれた恩人であった。プラトンは仲間のパイドンを語り手に選ぶことで、「魂の浄化」という主題を見事に描いた。

では、著者プラトンはどこにいるのか。パイドンは死刑当日に牢獄に集まった仲間の名を挙げるなかで、「プラトンは、病気だったと思います」と、さりげなく触れている（五九B）。この言い方は、「プラトンがいなかったのは、たしか病気だという理由でした」という、不在の示唆のように聞こえるが、「いなかった」と明言されているわけでもない。また、ここだけ「と思います」という留保が加わっている点も、情報を曖昧な印象のままに残している。

私には、ソクラテスの愛弟子《まなでし》であったプラトンが、アテナイ市内に住んでいながら、たとえ病気だったとして師の最期の場面に立ち会わなかったとは信じられない。それゆえ私は、これは著者が不在であると告げる文学手法に過ぎないと考えるが、そのような推測や議論を引き起こすこと自体、「対話篇」というプラトンの哲学スタイルの特徴であった。不在の著者は、対話の言葉をテクストとして私たち読者の前に投げ出して、直接に問いかけるかのようである（ここで再度280頁の図1を参照されたい）[9]。

8　キケロ『トゥスクルム荘対談集』第五巻第三章八－九、ディオゲネス・ラエルティオス『哲学者列伝』第一巻序章一二、第八巻第一章八参照。ただし、詳細はそれらの典拠で異なっている。

「死の練習」としての哲学

ソクラテス最期の一日をめぐるパイドンの報告は、早朝から集った仲間たちが牢獄でソクラテスに会う場面から始まる。長時間友人たちと交わされた対話は、一つの言論の流れを成しており、そこに展開される哲学的論点は多彩である。中心問題が何であり、どのような議論となっているのか。翻訳を読む手助けとなるように、いくつかの中心テーマを取り上げて要点を確認していきたい。

対話の全篇をつらぬく背景には、ソクラテスの生と死がある。死刑が執行される当日に仲間たちがソクラテスを囲んで交わす言論には、必然的に死の影が見え隠れする。この日を最後にこの人がこの世からいなくなってしまう。だが、予期される喪失感と眼の前にある悲壮感をまったく感じさせないソクラテスの態度と言論は、この世界での生を超える視野を開いてくれる。

だが、「死」に対するソクラテスの態度は、『ソクラテスの弁明』で表明された言葉から少しも外れていない。そこで彼は、裁判員たちにこう言っていた。

と言いますのは、死を恐れるということは、皆さん、知恵がないのにあると思いこむことにほかならないからです。それは、知らないことについて知っていると思うことなのですから。死というものを誰一人知らないわけですし、死が人間にとってあらゆる善いことのうちで最大のものかもしれないのに、そうかどうかも知らないのですから。人々はかえって、最大の悪だとよく知っているつもりで恐れているのです。実際、これが、あの恥ずべき無知、つまり、知らないものを知っていると思っている状態でなくて、何でしょう。

皆さん、私はこの場合でもこの点で、おそらく多くの人間とは違います。もし実際に、私が他の人よりなんらかの点でより知恵があると言えるのなら、まさにこの点、つまり、冥府《ハーデース》の世界のことはよく知らないので、そのとおり知らないと思っている点でそうなのです。（二九A－B）

「死」こそ、その善し悪しをめぐって不知を自覚すべき対象であった。

9　対話篇という哲学形式については、拙著『プラトンとの哲学――対話篇をよむ――』、岩波新書、二〇一五年、序章を参照。

ソクラテスはすぐに迎える自身の死の後で「善き希望」があることを強く信じている。だが、それは死後のことを知っていることとは根本的に異なる。また、伝統、あるいは自身の勝手な思い込みに縛られているわけでもない。しばしば誤解されているが、ソクラテスはこの対話篇で宗教的に魂の不死を信じているわけでも、それを仲間に布教しようとしているわけでもない。「死について、私は知らない」という不知の自覚を堅持しながら、死に向けて最善の思考と判断を遂行していく哲学の態度が貫かれる。それが「死の練習」と称される哲学である。

人間はだれしも死を迎える。それは近くで起こる他人の死ではなく、私自身の死である。「人は唯一人死ぬであろう」と述べたパスカルや、「死の先駆的決意性」を焦点に据えたハイデガーのように、哲学者は死について考えをめぐらせてきた。ソクラテス死刑の一世紀ほど後にアテナイで活躍したエピクロスも、やはり「死」をテーマとして原子論の立場からこう述べた。

死は、悪いもののなかでもっとも震え上がらせるものだが、私たちにとっては無である。なぜかと言えば、私たちが存在する時、死は現に存在せず、死が現に存在

する時、その時私たちは存在しないからである。(『メノイケウス宛書簡』一二五)

エピクロスもソクラテスと同様、闇雲に死を怖がる心を言論によって宥《なだ》めようとしたが、その論理や方向は別であった。彼はむしろ、この世界が原子と空虚だけであると認識し、不死への虚しい願いを取り除くことで、死すべき人生を楽しむ哲学を勧めたのである。あなたは、どちらの哲学者の考えに従うだろうか。

私たちが自身の死を経験しておらず、「私はない」と考えることが自己矛盾になる以上、死は生ある限り謎に留まるであろう。それが「死」についての不知の自覚である。いつか不意に訪れる「死」から目を背けることなく、それに向き合いながら「生」の意義を考えていくことが、哲学のスタンスである。ソクラテスは一方で自殺をきっぱりと禁止しながら、なぜ哲学者が「死を練習する」と言うのか。それは、「魂」というもう一つの主題との関係で考えなければならない。

魂の配慮

プラトン中期の代表作と目される『パイドン』は、一つの大きな緊張を孕《はら》んでいる。

それは、ソクラテスとその生死という極と、プラトンとその哲学理論という極との間の緊張である。それは「魂」と「イデア」という両極の関係とも言いかえられる。

前三九九年に起こったソクラテス裁判と刑死は、プラトンら弟子たちに「ソクラテス対話篇」の公刊を促した。私たちはその経緯や状況を、とりわけ現存するプラトンの二つの著作『ソクラテスの弁明』と『パイドン』に依拠して理解している。『ソクラテスの弁明』はかつて学者たちが素朴に前提していたように、裁判でソクラテスが語った言葉の忠実な記録などではなく、プラトンによるソクラテス哲学の再構成であり、いわば「真実のフィクション」である。だが、そこには確実にソクラテスの生き方や言葉の核心が込められており、歴史の一時点でソクラテスが実際に語ったであろう言葉を超えて、それを明確に示してくれる。

では、『パイドン』はどうか。現代の私たちは、そこに相対立する二つの面を見がちである。牢獄に集《つど》う仲間とソクラテスが対話を交わす様子、冷静に毒杯をあおぐ感動的な臨終場面を、私たちは忠実な描写として受け取っている。他方で、そこで交わされる対話の内容は、超越イデアの理論という、間違いなくソクラテス自身が生前に語ることがなかった議論、プラトンによって発展された哲学理論である。とすると、この対話篇には歴史的ソクラテスについての報告と、プラトンが独自に展開した哲学理論という二つの相容れない言論が並在していることになる。研究者たちは実際、『パイドン』をそのように分裂した形で理解してきた。

だが、この相矛盾するかのような両極は、プラトンが受け取ったソクラテス哲学の神髄として、一つの形で理解されなければならない。鍵となるのは、「魂」という主題である。『ソクラテスの弁明』でアポロン神の使命とされる哲学は、「魂の配慮」(epimeleia tēs psȳkhēs) という勧めであった。ソクラテスは仮想のアテナイ人にこう語りかける。

「世にも優れた人よ。あなたは、知恵においても力においてももっとも偉大でもっとも評判の高いこのポリス・アテナイの人でありながら、恥ずかしくないのですか。金銭ができるだけ多くなるようにと配慮し、評判や名誉に配慮しながら、思慮や真理や、魂というものができるだけ善くなるようにと配慮せず、考慮もしないとは」と。(『ソクラテスの弁明』二九D－E)

魂を配慮することは、肉体への配慮から、できるだけ遠ざかることを促す。肉体から魂への向けかえというこの主題は、『パイドン』の前半では「死の練習」という哲学者のあり方として語り直される。そこで規定される「死」とは、魂の分離であった。

　死とは、魂の肉体からの分離にほかならないのではないか。この「死んでいること」とは、一方で、肉体が魂から分離されて、それ自体となっていることであり、他方で、魂が肉体から分離されて、それ自体としてあることではないか。（六四C）

「魂の配慮」から「死の練習」へのつながりを意識すると、『パイドン』はまさにそれを一貫させたソクラテス哲学の展開であることが分かる。

では、配慮によって目指すべき魂のあり方とは何か。それは宗教的な語りで「浄化（カタルシス）」と呼ばれる、魂が純粋になりそれ自体である状態である。その境地において、魂は「叡智（フロネーシス）」というあり方で実在と関わる。そこで開示される真の実在が「イデア」と呼ばれる「それ自体である」あり方なのである。この浄化を実際に遂行する生きた言論が、第一部の対話であった。

三つの不死論証

第一部で与えられる「魂の不死」の三つの議論は、それぞれ個々の論証としては不完全で、欠点を含む。だが、ソクラテスはそれも承知の上でこの順序で語ることに意味を見出していたはずである。それらは、おおよそ次のような問いに向き合い、一定の方向を提示している。

第一に、「反対のものからの相互生成論」は、「私たちは、どこから来て、どこに行くのか」という素朴な問いに関わる。答えは「死からやって来て、死へと赴く」であり、それが円環をなす全宇宙の存在構造であることが示唆される。生成と消滅をめぐる形式的な議論で、魂の不死論証として研究者に顧みられることは少ないが、第二部の生成と存在の原因探究への重要な布石となっている。また、アリストテレスは『自然学』第一巻で生成変化の原理として「反対のもの」を論じたが、『パイドン』のこの議論はその出発点となった。

第二に、「想起説」は、「私たちが来たった故郷はどこか」を問題とする。「生まれる前に見たイデアの世界」という答えを示しながら、感覚の世界からそこへと戻る方途が示唆される。[10]冒頭（七二E－七三B）で言及されたのは、探究の可能性を確保するために「想起（アナムネーシス）」を論じた『メノン』の議論である。魂は不死であり、何度も生まれ変わったという神官や詩人の言葉に依拠しつつ（『メノン』八一A－D）、幾何学の問題を奴隷の子供が解いていく実践から、人間が生まれる前から「知識」を持っていることが示されていた（八二B－八六C）。『パイドン』はその議論を想起しながら、より本格的に魂の生前の存在を論証する。

生前の記憶とその想起は古代のお伽話のように聞こえるかもしれない。しかし、現代でも哲学ではしばしば「想起説」が参照される。二つの例を見よう。

マルティン・ハイデガーは古代ギリシアにおける「アレーテイア（真理）」の本質を「非秘蔵性」、つまり隠されてあるものを露わにすることと解する。それは、この世に生まれる折に喪失する（七五E、七六D）、つまり忘れてしまうという「忘却（レーテー）」からの取り戻し（七五D－七六A）、即ち「想起＝学び」である。『存在と時間』が出版された一九二七年の夏学期にマールブルク大学でなされた講義「現象学の根本諸問題」は、『パイドロス』二四九B－Cと並んで、『パイドン』七二E以下の想起説に言及する。[11] 現存在である人間は、存在をすでに了解していなければならない。かつて見られていたが忘却してしまった存在に眼差しを向ける可能性、それがプラトンの言う想起であった。

また、世紀の後半には、ノーム・チョムスキーが生成文法の理論で再度注目を促した。チョムスキーは、人間の言語能力が生誕後の経験の蓄積からだけでは説明できないことを、「刺激の貧困」という議論で示した。文法の基本的な部分は生得的に決まっており、「普遍文法」と呼ばれるが、それがプラトンの「想起説」にあたると考えたのである。[12]

さて、第三の「類似性による議論」では、「私たちは何者か」が問われる。万物が永遠不変の実在と生成変転する感覚物という二元性で把握される時、私たちの魂がどちらに属し、どのような生を生きるかが問われる。それらとの類似性に基づく議論が

10 想起説については、栗原裕次『イデアと幸福』、知泉書館、二〇一三年、第五章が参考になる。

11 マルティン・ハイデッガー『現象学の根本諸問題』「ハイデッガー全集第二四巻」、溝口兢一他訳、創文社、二〇〇一年、四六四－五頁参照。

12 N・チョムスキー『ことばと認識 ―文法からみた人間知性―』、井上和子、神尾昭雄、西山佑司訳、大修館、一九八四年（原著一九八〇年）、*Knowledge of Language*, 1986, ch. 3。

厳密な論証として不十分であることは、多くの研究者の指摘を俟つまでもなく明らかである。にもかかわらず、この議論が開示する存在地平の差異こそが、哲学を可能にし、魂を語る基盤となる。

イデアと魂

これら不死の論証は、第一の議論を除き「イデア論」に依拠している。プラトンといえば有名なその論だが、実は全著作のなかで、超越存在としてのイデアが提示されるのは、中期の、ごく限られた部分だけである。その点を確認しよう。

まず、『饗宴』では、ソクラテスが報告するディオティマという女性の「愛の教え」、その最終段階で「美のイデア」が印象的に、だがごく簡潔に語られる（二一〇E－二一二A）。『ポリテイア』では、「哲人統治論」とその教育論という文脈（第五巻四七五E－第七巻）、および、詩人追放論（第一〇巻前半）という限られた文脈で本格的なイデア論が登場する。弁論術を論じる『パイドロス』ではその中途で挿入される魂のミュートスで、イデアの世界が登場する（二四六A－二五六E）。『パイドン』と合わせて中期対話篇とされるこれら四篇の、ごく短い部分でしか論じられないことは不思議に感じられるかもしれない。

『ポリテイア』と並んでイデア論の典拠となる『パイドン』でも、四つの部分で散発的に語られるに過ぎない。中期の超越イデアは、『パルメニデス』で若いソクラテスが提示したあとで、パルメニデスに徹底して批判され、後期の対話篇ではどうやら性質や枠組みを変えた形でしか登場しない。

私たちはプラトンの「イデア論」を一つの哲学理論、あるいは形而上学体系と捉えがちであるが、それは基本的にアリストテレスが『形而上学』A巻第六章などでまとめ、紹介した理論をそう呼んでいるに過ぎない。プラトン自身はどこにも「論」を提示してはおらず、プラトン対話篇で「イデア」を語るのも、ソクラテスだけでなく、ディオティマであったりする。『饗宴』の秘儀宗教の経験、『パイドロス』のミュートスなど、語られる文脈も単純に哲学理論として受け取りにくいものである。現代の私たちは、プラトンのイデア論とは何かを、既成の解説からではなく、元の文脈に立ち返って慎重に見ていかなければならない。

『パイドン』では、イデアが比較的早い段階で議論に導入された後、計四箇所でその議論が用いられる。イデアへの言及が散発的なのは、意図的なものであろう。つまり、「イデア論」は、体系的に確立した理論として捉えるべきではなく、異なる側面からその有効性や意義が試されるべきものなのである。

この対話篇では、最初に、魂がそれ自体で触れる真理と実在、それが「正しさそれ自体」等とされる（六五D―六六A）。ここではまだ「イデア」という表現は使われないが、シミアスとケベスら仲間たちにはすでに馴染みの考えとして導入されている。第二に、「想起説」で「等しさそれ自体＝等しさのイデア」（七四A）などが想起する対象となる。私たちが感覚し経験する事態から、その根源にあるイデアへの遡行が、ここでの主題となる。第三に、「類似性の議論」でイデアが、常住不変の実在として持ち出され、つねに流動変化する生成と対比される（七八C―七九A）。こうして前提され議論されたイデアは、第二部で改めて「基礎定立」として提示されることとなる。

プラトンがイデアを語る仕方は単一ではないが、『パイドン』第一部の特徴は、その存在が措定されることが、魂の不死を認めることと重ねられる点にある。その様は、次頁の図2の二つの柱で表される。

ここでは、私たちが日常世界を経験している地平が一番下の段で示される。私とは通常は肉体を伴った魂であり、それが感覚を通じて出会う事物のあり方が、「あり、

図2 超越の構造

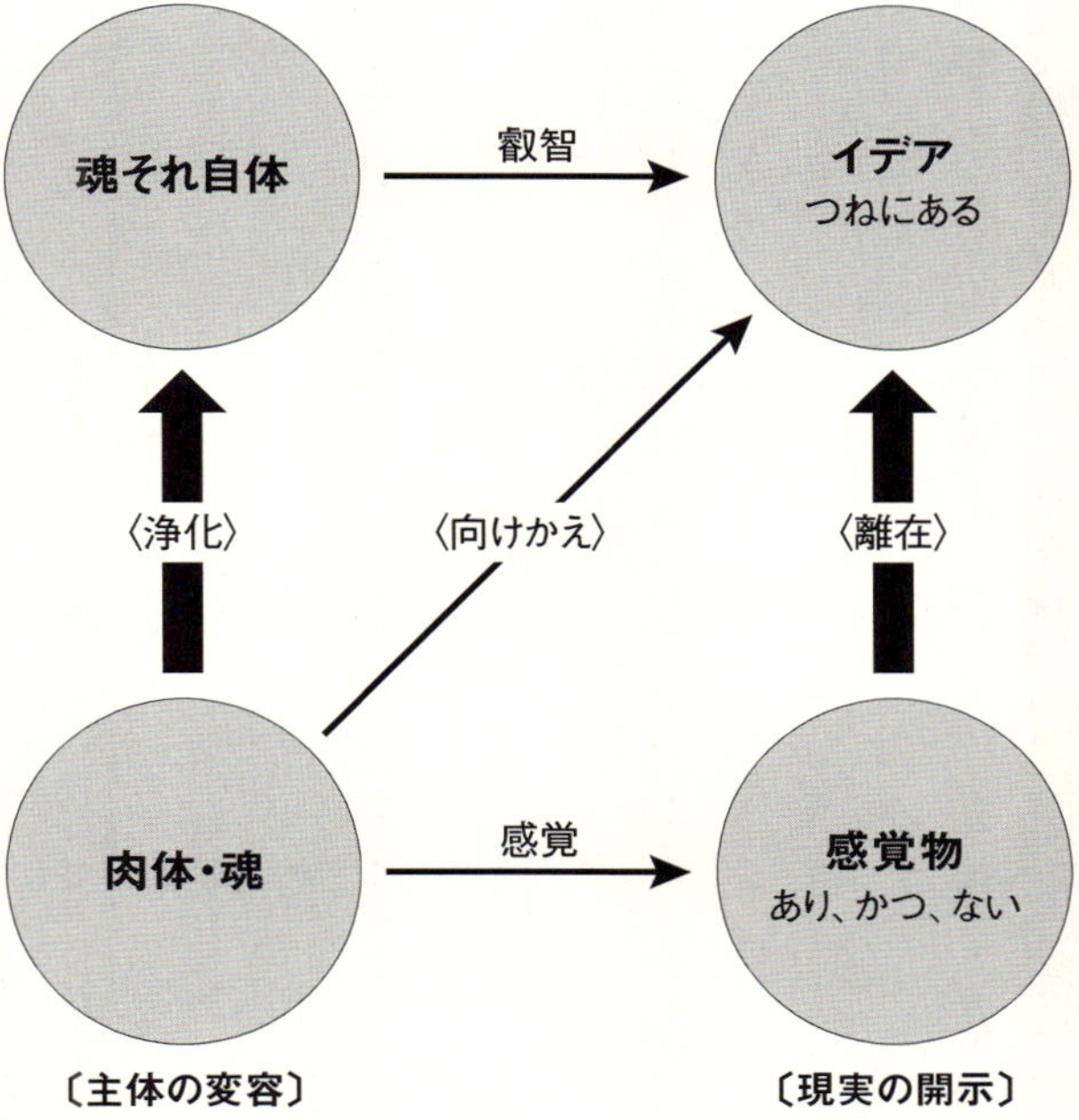

かつ、ない」という感覚界である。「美しい」と思った人や物が、別の関係で「美しくない」と思われたりすることが、相反する現れであるが、その状況から離脱すること、「あるそれ自体」を離在させることが、イデアの認識であり、その過程は、私が肉体から魂をできるだけ切り離す浄化と相即的である。言い換えると、純粋な私自身である知性が、それ自体である「実在＝イデア」と関わるあり方が叡智なのである。この図で二重の切り離しによって上段へと移行した魂とイデアとの関係は、相即不離なものである。つまり、魂の不死なる存在と、それ自体としてのイデアの存在は、両者が共に認められるべきものであり、もしどちらかが認められない場合には、両者が共に退けられるべき事柄であった。

このように示されたイデア論が、なぜ第二部で「基礎定立」として改めて語り直されなければならなかったのかは、後で検討する。

ミソロゴス（言論嫌い）

第二部は、説得の議論を終えた余韻にひたる一同のなかから、シミアスとケベスが言葉を発してしじまを破り、議論が再開される。

第一部でソクラテスは「魂の不死」について三つの論証を与えてきたが、ここでそれらの言葉、つまり「ロゴス」が根本から反省に付され、一体「魂」を語る言論がどのように可能かが問われる。魂を肉体からできるだけ切り離す練習で、死への恐れを取り除く浄化が進んだ段階で、その基盤に根本的な疑念が突きつけられたのである。いわば、怯《おび》える子供を寝かしつけるような言葉が、理性の決然とした覚悟ではねのけられたのである。それは、哲学が自覚的に始まる瞬間であった。

反論の口火を切るにあたり、シミアスは人間の言論（ロゴス）という筏《いかだ》に乗って人生を渡っていくという比喩で、議論の心構えを語る（八五C－D）。彼らの反論が引き起こした波紋の中で、ソクラテスは「言論嫌い」への警告を語り、人々を言論への愛、つまり「愛知（フィロソフィアー）」へと引き戻す。

シミアスが提起した反論は「調和（ハルモニアー）説」と呼ばれるが、そこには「ハルモニアー」を中心に据えるピュタゴラス派の影響が窺われ、フィロラオスが魂について実際にこの説を唱えていた可能性も指摘されている。言論愛好者であるシミアスはそれを引き合いに出して、先行する「類似性からの議論」に疑義を向けたのである。それに対して、ケベスが提示する「機織り師の比喩」はオリジナルな反論と思われ、その破壊力はこれまでの議論を根底から覆すものであった。

二人の反論を聞いたその場の人々は不快で暗鬱な気分に包まれる。その情態をパイドンはこう振り返る。

あの二人は、以前の言論によって力強く説得され信じていた私たちを、再び掻き乱し、不信の淵へと投げ込んだように思われたのです。それも、前に語られたあれらの言論に対してだけでなく、これから後に語られるであろう言論についても、私たちは、判定者としてはなにものにも値しないのではないか、いや、むしろ事柄そのものが信用できないのではないのかと。（八八C）

ここで重要なのは、言論の不信が五つの段階で拡大していく様である。第一段階で、特定の議論、とりわけ「類似性による議論」に向けられた不信が、第二段階で、以前のすべての言論が無効だったという不信に拡大し、さらに、第三段階で、あれほど説得的だった議論が崩れた以上これから語る言論も同様に信じられないという「言論一般」への不信に至る。第四段階ではさらに、そのように論じて判断した私たち自身が判定者として不適格ではないか、という自己不信に陥る。それは結局、こうして論じる対象、つまり世界の方が混乱していて確実なものはなにもない、という世界不信に終わる。この第五段階は明らかに論理的な飛躍であり、それをもたらしたのは心理的な飛躍である。だが、こうして「言論嫌い」は、一切の真理探究を諦めて自分に引きこもる、一種の病となる。

第一部で積み上げた言論を、その基盤もろともに流し去る不信において、対話は最大の試練を迎える。これまでソクラテスに導かれて浄化の道を歩んできた人々が、自らの言葉を信じて哲学を遂行することができるか。哲学の言葉は、ソクラテスの死を乗り越えて生き残ることができるのか。その分かれ目である。

ソクラテスはこの情態を「人間嫌い」に喩える。過度に特定の人を信用しては裏切られ、やがて人を一切信じられなくなる人間嫌いは、実は人付き合いの心得や人間理解を欠くことで生じる失敗である。そこから脱却するには、言論や世界に責任転嫁をせず、まず自分が言論を扱う「技術」をしっかり身につけながら、一つひとつの言論の真偽を判定していくしかない。ソクラテスはパイドンらを励まし、かかりかけの病を治癒しながら、反論の吟味と論駁に取りかかる。

実際、シミアスが反論として提示した「調和説」は、最初の一撃で大きく揺らぐ。以前の論証のうち「類似性による議論」について問題点を示したとして、では「想起説」も認めないのか。シミアスもケベスもこちらの議論の妥当性は今でも固く信じている以上、生前の魂の存在は揺るがない。それは魂が肉体の要素の調和に過ぎないという説とは根本から矛盾する。どちらを維持し、どちらを棄却するかが問われる。シミアスの反論は、第一部の議論の全体と照らし合わされることで、その有効性が揺らぐ程度のものに過ぎなかった。

言論嫌いからの魂の癒しは、ソクラテスによる励ましとパイドンら一人ひとりの勇気でもたらされる。ここから始まる第二部の言論は、「言論の中での探究」として哲学を再生させることになる。

原因の探究

他方、ケベスの反論はそのような簡単な扱いでは片付けられない。その手強《てごわ》さを認識するソクラテスは、しばしの間熟考し、自身の経験を振り返ることでそれに答えようとする（九五E）。それは、哲学の基底を揺るがす、根本的な問題提起であった。

ケベスは自らの疑問をこう始めていた。「私には、言論はまだ同じところにあり、先ほど私たちが話したのと同じ告発を受けるように思われます。」（八六E）。つまり、第一部で重ねてきた論証がすべて無意味になり、元の素朴な問いに戻るように強いる、或る根本的疑問に直面している。

その反論は次の通りである。第一部で証明されたように、魂が非常に強靭《きょうじん》で長生きだとして、たとえ何万回生まれ変わって新たな肉体を纏《まと》うことができても、それでも魂自体がやがていつか滅び去るとしたら、今度迎えるその一回の死が最後ではないとは誰も言い切れない。そうだと知らない以上、結局この死がすべてを無にするという恐れは、理論上排除できないのである。きわめて合理的で強力な問題提起である。

ケベスはこの反論の提示で、さりげなく「肉体は流動し滅びつつあり」という表現を用いていた（八七D）。それは、「万物は流動する」と唱えたとされるヘラクレイトスの流動説が反論の背景にあることを示唆する。あらゆる事物がたえまなく流動変化し、肉体がその只中で生成消滅を繰り返すとしたら、肉体を着つぶしていく魂もその性質に引き摺られてやがて疲弊して滅び去るのではないか、それが反論の論理である。どんなに持続的だと認めても、魂の「ある」が絶対的で永遠でないかぎり、結局は時間の長短の問題に過ぎなくなる。魂はいつか滅びて、なくなる。ここで疑いが向けられるのは、流動説によって危機に晒される「ある」の可能性であった。ソクラテスはその反論に向き合い、問題の根源性を前にしてしばし立ち止まらざるを得なかったのである。

そうしてソクラテスが語り始めるのは、自身の若い頃の思索経験であった。「生成と消滅の原因」を総合的に考察する必要がある。それは、「ある」ことの原因の探究であった。「原因」と訳される語「アイティアー」は、人に用いられる場合は「責任」を意味する。何かの出来事について「その責任は、誰にあるか」を問う問いが、「原因は何か」の問いの原型であった。

前六世紀初めのタレスに始まるイオニア自然哲学は、自然事象について様々な理論を提示し、当時のアテナイでも流行していた。だが、本当のところ彼らがそれぞれの生成消滅や存在の原因を捉えているとは、ソクラテスには思えなかった。不満の理由は、目の前の雑多な動きによって、その「ある」を十分に説明できない点にある。たとえば、この花が「美しい」ことの原因は、それが帯びる色彩や形状や匂いでは説明できないのである。求められるのは、「ある」がどう成立するかという形（形相《けいそう》）なのである。[13]

ここで語られる自伝的な記述が、ソクラテスが実際に辿った精神遍歴なのか、プラトンによる創作、あるいはプラトン自身の経験なのかは、証拠不足から決定できない。私自身は、ソクラテスがそういった自然哲学の知見に十分に通じていたという可能性も高いと考えるが、[14] その是非は本篇の理解に大きく影響はしないだろう。

ソクラテスが問題にした原因探究の決定的な場面は、「二になる」という事態の把握にある（九六E－九七B）。ものが接近して「二になる」場合も、切断して「二になる」場合もある以上、その生成の原因は「接近、切断」ではありえない。接近と切断という反対の動きは、逆に「一になる」を説明することもあり、一つの事態に対する原因説明とは言えないからである。いや、一本のチョークを折った時に突如現れ出る「二である」という事態、その出会いの驚きが鍵なのである。では、「ある」が成立し

13　松永雄二「或る出発点のもつ思考」、『知と不知 ―プラトン哲学研究序説―』、東京大学出版会、一九九三年所収（原論文一九六六年）を参照。

14　ソクラテスがイオニア自然学者アルケラオスの弟子とされること、アリストファネス『雲』での自然学者としての揶揄などが、間接的な証拠となる。

ているその原因は、どう捉えられるのか。

ソクラテスが期待していた説明は、アナクサゴラスによる「知性（ヌース）」のようなものであった。ソクラテスと同時代にアテナイに滞在してペリクレスと親交をもったこの自然学者は、混沌とした万物を「知性」が動かして、この世界の秩序が成立したと、著書『自然について』で論じた。その一節を聞いたソクラテスは、彼が知性によって「そうあることが善い」という仕方で一義的な原因説明を与えているのではないか、と期待を膨らませる。だが、残念ながら、アナクサゴラスの「知性」は、いわば機械仕掛けの神であり、具体的な説明は一切与えていないことが判明した。

ソクラテスの失望は、裏を返せば、彼が期待していたのが「善（アガトン）」という仕方での「ある」の原因説明であったことを示唆する。そこで挙げられる印象的な例で言えば、「ソクラテスがここに座ってある」ことの原因は、彼の肉体の状態や機能ではなく、「牢獄に留まって（脱獄せずに）死刑を迎えることが、正しい」という判断、つまり「法に従い、アテナイの人々の判決を受け入れてあるのが、善い」という把握であった（九八C－九九B）。しかし、行為について成り立つこの「善という原因」の説明は、宇宙全体や個々の事態では見出すことができない。

こうして探究を通じて生成・消滅・存在の原因を見出すことが出来なかったソクラテスは、「第二の航海」と呼ばれる次善の策に向かう。それが「基礎定立（ヒュポテシス）」としての「イデア原因論」であった。宇宙全体のあり方を「最善」という仕方で説明するというここでの淡い期待は、やがて後期の対話篇『ティマイオス』で、デーミウールゴス（制作神）による宇宙生成の自然哲学として、プラトンが改めて挑戦する課題となる。

魂の不死の最終論証

第二の航海として提案されるのが、有名な「言論（ロゴス）の中での探究」である（九九D－一〇〇A）。それは、事物を直接見ることではなく、言論という写しにおいて、あり方の考察を進める哲学の方法である。「善」という原因を直観することが最善の航海だとすると、言論を通じた解明はいわば次善の策となる。「言論」は事物を写す「像」のようにも思われるかもしれないが、実は、私たちが現実だと思っている感覚による把握よりも、はるかに真理に近い。雑多な動きで真のあり方から私たちを逸らす感覚を一旦遮断して、言葉の論理において真理を追求する、それがプラトンの導入した道筋であった。

ものが生成変化する原因をめぐって、感覚によって真なるあり方を捉えることはできなかった。そこで、言論で原理を仮に定立することで（基礎定立）、その原理から論理を通じて事柄のあり方を明らかにしていく方法が採用される。「美それ自体が、ある」というイデア存在を基礎定立し、「他の美しいものはすべて、美のイデアを分有することで美しい」というイデア原因をさらに基礎定立すると（一〇〇B－C）、今まで混乱のうちにあったこの世界の生成変化が、鮮やかに説明される。

第一部ですでに論じられていたイデアが、なぜここで改めて基礎に立てられるのか。ケベスの根源的な反論は、流動的な「なる」のみを認め、恒常的な「ある」を退ける立場であった。それに対して、「それ自体として、ある」というイデアの絶対的で永遠の存在性を認めることで、私たちの世界の「ある」を確保する基盤が提供される。基礎定立としてのイデアは、従って、ケベスの反論が依拠する流動説と対決して、「私がある」という存在の根拠を求める、ソクラテスの応答であった。

では、イデアの基礎定立による「なる」の説明とは、どのようなものか。例えば、ソクラテスの傍にシミアスが来ると、ソクラテスは「小さい」と言われるが、それは

〈小それ自体＝小のイデア〉を分有して、シミアスの〈大〉に対して〈小〉を持つからである。そこにパイドンがやって来ると、彼の持つ〈大〉に対してシミアスは〈小〉を持つようになる。そうして同じシミアスが「小さくなった」と言われる。大のイデアと、それを分有することで生成する〈大〉（内在形相とも呼ばれる）という単純な図式が、こうして事物の生成消滅のあり方を整合的に説明することになる（一〇二B－一〇三A）。「大それ自体によって、他の大きなものは大きい」というイデア原因論は、同語反復に近い愚直で安全な説明に過ぎない。だが、この基礎定立が、イデア間の恒常的なつながりの考察を経て、より賢明な説明となり、「魂の不死」という課題に最終論証を与えることになる。

火と雪はそれ自体では反対者ではないが、火はつねに「熱さ」を、雪は「冷たさ」を持ち、火が雪に接近すると、雪は融けて冷たさと共になくなってしまうか、火が消えて熱さを失うことになる。火と雪はそのように両立することがない。類比的に、魂は肉体と結合するとつねに肉体に「生きる」という状態をもたらすことから、「魂」は〈生〉と恒常的な連関にあり、〈生〉の反対関係にある〈死〉をそれ自体として受け入れることはない。ちょうど、雪が雪でありながら〈熱〉を持つことがないのと同様に、魂が魂でありながら〈死〉を持つことはない。つまり、〈死〉が魂に近づく時には、魂は肉体とは分離するが（それは生き物の「死」である）、魂それ自体が「死ぬ」ことはない。こうしてまず、「魂は不死である」という命題が、イデア論の基礎定立から論証される（一〇五E）。

では、魂は「不滅」でもあるのか。続くこの問いに対して、ケベスは「〈不死〉であるなら、それは〈不滅〉でもある」という論点に、あっさりと同意する（一〇六C－D）。ギリシア人にとって「不死（アタナトス）」とは神のあり方を意味する語であった。〈生〉というイデアが不死で永遠にして不滅だとすると、それを本質として実現する「魂」も、同様に、滅びることはないはずである。たとえば、火が接近した場合、雪には、融けて消滅するか、融けずにどこかへ退却するか、という選択肢が与えられていた。直感的には前者がふさわしいと思われるかもしれないが、「魂」については「不滅＝消滅しない」という選択肢が確定されたため、雪などの場合とは違い、魂はけっして消滅することなく、どこか別の場所へと立ち去る。それが「冥府に赴く」という意味なのである。「魂」のあり方が「生」そのものとして、さらにまさにあるものとして示された。魂の不死・不滅論証はこうして、終結を迎える。

ソクラテスという一個人の死を前にして論じられた「魂の不死」は、最終的に個別の魂の転生といった次元をはるかに超えて、イデアの地平で展開される。そこでは、〈生のイデア〉と重なる〈魂〉のあり方、私たちと宇宙があるとは何か、という実在の根源が指し示された。もし現代に「魂」を考える意味があるとしたら、私たちは超越の次元に目を向けつつ、ロゴスを追究していくことになるのではないか。

イデア論を基礎に定立して展開されたこの議論は、果たして論理的に十分な仕方で「魂の不死・不滅」を論証しているのか、あるいは、どこかに論理の飛躍や欠陥はないか。ここでのイデア論をどう解釈するかで、いくつかの異なる筋が提案され、争われている。現代の研究者たちは、本論証の有効性と意義を今でも活発に論じており、概して否定的見解が目立つ。

他方、最終論証の末尾で、議論してきたソクラテス、ケベス、シミアスは一致して、この言論が完全無欠で最終的なものではないという予感を表明している。人間の言葉〈ロゴス〉は十全な真理に達するほど信頼できるものではあり得ない以上、哲学の探究は自己反省を加えながら、生ある限り続けられなければならないからである（一〇七A－B）。ソクラテスはこうしてロゴスを愛し求める姿勢を語り、自らそれを実践しながら、残された人々に探究を委ねる。彼に残された人生の時間はもう尽きようとしている。

死後の世界のミュートス

「魂が不死である」という言論を、なぜ追求してきたのか。ソクラテスはそれが「魂の配慮」という哲学の課題に直接に関わることを、改めて強調する（一〇七C－D）。私たちの人生がこの限られた時間だけであり、死ねば何もなくなるとしたら、この世でどんな悪業を行なって繁栄しても、やった者の得で終わってしまう。だが、その人生観は間違っている。魂をできるだけ善くする配慮こそ、自分自身を害悪の状態から救済することを目指しているのであり、その射程はいわば永遠に関わる。したがって、「魂」が肉体と分かれた死後にも、善悪をめぐって配慮を続けていかなければならない。それが、「死後の世界のミュートス」が語られる理由である。

プラトン対話篇では、論証などの議論と並んで、時折「ミュートス」と呼ばれる神話・物語の言論が付加される。『ゴルギアス』では、カリクレスとの議論を終えたソクラテスが、死後の魂の運命について教訓的な物語を語る（五二三A－五二七A）。

『ポリテイア』第一〇巻では、正しい人生を送った魂の報酬について、「エルのミュートス」と呼ばれる臨死体験の報告が語られ、対話篇が結ばれる（六一四B－六二一D）。『パイドロス』でも、哲学が神的な狂気であることを示すために、「魂のミュートス」が語られる（二四六A－二五七A）。私たちの魂がかつて天上で神々に従ってイデアを観想していたあり様、翼を失って肉体と結びついたこの人生で、美と愛が再び翼を生やしてくれる希望を、美しい言論が語っていく。それらのミュートスは、言論によって証明し示すことができる次元を超えた「死後」のあり方に関わっている。プラトンはおそらく、その事柄について不知である私たち人間が、かろうじて関わる一つの可能性として、ミュートスというロゴスとは別の語り方を採用したのであろう。

ソクラテスが最後に与える「死後の世界」の叙述は、大きく六つの部分からなる。

① 死後の魂の道行き（一〇七D－一〇八C）
② 私たちが住む大地の描写（一〇八C－一一〇B）
③ 真の大地の描写（一一〇B－一一一C）
④ 大地の下の場所と四つの流れ（一一一C－一一三C）
⑤ 死者の魂の運命（一一三D－一一四C）

⑥ そこからの教訓（一一四C－一一五A）

死んだ魂が導き手の神霊（ダイモーン）によって裁きの場に連れていかれ、生涯に応じた報いを受ける様など、ギリシアの伝統的宗教観にも関わる叙述に加えて、生前と死後とをまたぐ領域として「大地」の描写が与えられる。私たちが生活する世界は大地の窪みの周辺部、いわば海の底のような場所に過ぎず、至福の人々は上方にある清浄な大地で生きる。

この言論からどんな想像を膨らませてこの世界を理解するかは、読者各自に委ねられる。だが、私たちが生きる領域と大地の上方との関係が、『ポリテイア』第七巻の「洞窟の比喩」と密接に対応する点は、つよく意識されるべきであろう（複数の注で関連を指摘した）。

大地の下にある四つの大河と死んだ魂がそこを辿る有様は、壮大な自然観と、人々の生き様をめぐる道徳論との不思議な融合である。これが、ソクラテスが「白鳥の歌」として述べたような、死を前にした美しい予言なのかもしれない（八四E－八五B）。言論が追求してきたように「魂が不死である」とすれば、想像を通じて心に刻んでおくべき光景であり、呪《まじな》い歌のように唱えながら人生という冒険を乗り切っていくべき言葉であろう。それは、ソクラテスから私たちへの贈り物かもしれない。

哲学者の死

ソクラテスは死なない。いや、彼の言論を信じるのなら、ソクラテスという生命を宿した肉体は埋葬され滅んでも、彼自身という「魂」は不死のままありつづけ、私たちと共に「知を愛し求める哲学」を遂行していると考えなければならない。「ソクラテスとは、今対話を交わしている、この魂である」(一一五C)とは、今この対話篇を読む私たちと言論を交わすのが、その魂であることを示している。どのようにそれを確信できるのか。語り手パイドンは確かに、魂と魂が出会いにおいて言葉を交わしたことを報告しているが、それは書き手プラトン自身の魂の経験でもあったはずである。ソクラテスの対話は、そうしてパイドンを生かし、プラトンを生かし、二四〇〇年の時を超えて、哲学によって私たちを生かしている。いや、何千年という時間の隔たりも、永遠にあるイデアの超越から見れば、大した意味を持たないのであろう。

現代フランスを代表する哲学者ミシェル・フーコーは、晩年に古代ギリシア・ローマの哲学へ「トリップ」したが、コレージュ・ド・フランスでの生前最後となった一九八四年二月〜三月の連続講義では、『パイドン』を『ソクラテスの弁明』『クリトン』に連なる「自己への配慮（エピメレイア）」の哲学として扱い、とりわけソクラテスの最後の言葉（一一八Ａ「クリトンよ、…」）にこだわりを示す。二月一五日の第二時限に、フーコーはこう話題を切り出した。

あのテクスト（『パイドン』の最後の数行、より正確に言えば、プラトンによって報告されているソクラテスの最後の言葉）がずっと、哲学史における盲点、謎めいた点、小さな裂け目のようなものであり続けたということは、かなり興味深いことです。[15]

フーコーは比較神話学者デュメジルの解釈を援用して、伝統的な「生という病からの治癒」という解釈を退けながら、ソクラテスとの議論でクリトンがそこから癒された言論の病、つまり、誤った言説からの解放という治癒に対して、アスクレピオス神へのお礼を言い残したと解する。「配慮を怠らないでくれ」という語は、「配慮」という哲学の主題を人々に言い遺す言葉であった。

私は基本的にこの解釈に共感するが、それ以上に、エイズによる死を前にした哲学者が、「異様な月並みさのなかにとどまっている」と評したソクラテス最期の言葉に、異様な執着を見せた点に惹かれる。「真理の勇気」を論じる最終年の講義で、フーコーがこの言葉を熱心に論じたのは、何故だったのだろう。彼が死を迎えたのは、その四ヶ月あまり後、六月二五日のことであった。

ソクラテスが死を迎える場面は、その簡潔な描写で美しい一幅の絵画のようである。パイドンが語るソクラテスの生と死のあり方は、彼が語ってきた言葉そのものと完全に重なり、不死なる魂がそこに具現しているようである。ソクラテスという「友人」の死が、その時、哲学者の誕生を刻印した。やがて死んでいく私たち一人ひとりが、プラトンの描くソクラテスの死に、言いようのない崇高さと魅力を感じるのは、私自身もこの人間のように哲学者として生き、死にたいと思う、魂のイデアへの憧れからかもしれない。[16]

15 ミシェル・フーコー『真理の勇気 ―コレージュ・ド・フランス講義一九八三－一九八四年度―』、慎改康之訳、筑摩書房、二〇一二年、一一八頁。

16 拙文「心にのこる一冊 プラトン著『パイドン』」、岩波書店『科学』七八－四、二〇〇八年四月号(『科学者の本棚』、岩波書店、二〇一一年に再録)参照。

【これまで出版された邦訳（主なもの、年代順）】

藤沢令夫訳「世界文学大系三」、筑摩書房、一九五九年：「世界古典文学全集一四」、筑摩書房、一九六四年

池田美恵訳『プラトン名著集』、新潮社、一九六三年：「世界の名著六」、中央公論社、一九六六年：新潮文庫、一九六八年

松永雄二訳「プラトン全集 第一巻」、岩波書店、一九七五年

岩田靖夫訳 岩波文庫、一九九八年

朴一功訳「西洋古典叢書」、京都大学学術出版会、二〇〇七年

ソクラテス・プラトン年譜

以下の記述の最大の典拠はプラトンである。なお、事件の年代や詳細については現在標準的とみられる説に従い、異説があっても記載していない。また、暦年は近似的なものである。

ソクラテス誕生以前

紀元前五二四年頃、テミストクレス生まれる。前四九五年頃、ペリクレス生まれる。前四九二年にアケメネス朝ペルシアがギリシアに遠征を始め、前四九〇年、再度遠征。ペルシア戦争が勃発する。マラトンの戦いでギリシア連合軍がペルシアを撃退。前四九〇年頃にソフィストのプロタゴラスが北ギリシアのアブデラで、前四八五年頃にはソフィストで弁論家のゴルギアスがシチリア島東部レオンティノイで生まれる。前四八〇年、ペルシア軍再度ギリシア遠征。サラミスの海戦でギリシア連合軍の勝利。前四七七年にペルシア帝国に対抗するエーゲ海地域の軍事同盟であるデロス同盟が結ばれ、アテナイが盟主となる。

紀元前四六九年

ソクラテス、アテナイに生まれる。父ソフロニスコス、母パイナレテ。ソフロニスコスは石工ないし彫刻家と伝えられ、パイナレテは助産が上手であったといわれる。

紀元前四六一年　ソクラテス八歳
ペリクレスがアテナイの政治の実権を掌握する。直接民主政の制度下で強い指導性を長期間発揮し、平和政策を実施するとともに、パルテノン神殿をはじめとする数々の建築物を完成させ、都市整備をすすめた。また、芸術と文化を振興した。これらの政策により、アテナイは黄金時代を迎える。

紀元前四四九年　ソクラテス二〇歳
アテナイがペルシア帝国と和睦を結び、ペルシア戦争終結。

紀元前四四三年　ソクラテス二六歳
プロタゴラスが初めてアテナイを訪れる。友人ペリクレスの依頼により、この頃建設された植民市トゥリオイの法律を起草したといわれる。

紀元前四三三年　ソクラテス三六歳
プロタゴラスが再度アテナイを訪問、『プロタゴラス』の対話設定年代。

紀元前四三二年　ソクラテス三七歳
ソクラテス、デロス同盟を破ったポテイダイアの包囲戦に参加する。

紀元前四三一年　ソクラテス三八歳
アテナイとスパルタの間にペロポネソス戦争が起こる。翌年の前四三〇年には疫病が流行し、ペリクレスもこの疫病で前四二九年に死去する。この頃からアテナイは次第に衰退へ向かう。

紀元前四二七年　ソクラテス四二歳
プラトン、アテナイに生まれる。父アリストン、母ペリクティオネ。両親ともアテナイの名門出身であった。
この年、故国レオンティノイの外交使節団代表としてゴルギアスが同盟国アテナイを訪問し、隣国シラクサの圧力に対して支援を求めた。民会での演説は聴衆に圧倒的な印象を与え、支援を取り付けると共に、以後のアテナイにおける弁論術隆盛の火付け役となる。やがてレオンティノイはシラクサによって支配され、ゴルギアスはギリシア本土各地で教えた。

紀元前四二四年　ソクラテス四五歳
プラトン　三歳
ソクラテス、ボイオティア地方デリオンの戦闘に参加する。

紀元前四二三年　ソクラテス四六歳
プラトン　四歳
アリストファネスの喜劇『雲』が上演される。この作品ではソクラテスがソフィストとして揶揄されている。

紀元前四二二年　ソクラテス四七歳
プラトン　五歳
ソクラテス、スパルタ軍に占領されたアンフィポリス奪還のための遠征軍に参加する。

紀元前四一五年　ソクラテス五四歳
プラトン　一二歳
アルキビアデスの主導により、この年から前四一三年まで、アテナイはシチリア島に出兵。この軍事行動は大失敗に終わる。この頃プラトンがソクラテスと知り合う。

紀元前四〇六年　ソクラテス六三歳
プラトン　二一歳
ソクラテス、政務委員会の執行委員をつとめる。このときアルギヌサイ沖の海戦で一〇人の将軍が、漂流した部下を放置した責任を問われ、帰還した将軍たちは一括して裁判にかけられたが、ソクラテスはその措置が違法であるとしてひとり反対した。

紀元前四〇四年　ソクラテス六五歳
プラトン　二三歳
アテナイがスパルタに降伏し、ペロポネソス戦争終結。敗戦後クリティアスを中心とする親スパルタ派三〇人の独裁政権が樹立される（翌年の前四〇三年に崩壊）。小アジアに亡命していたアルキビアデスが暗殺される。ソクラテスは三十人政権にサラミスの人レオンを連行するよう命じられるが、これを拒否する。

紀元前四〇一年　ソクラテス六八歳
プラトン　二六歳
ペルシア王アルタクセルクセス二世に対し弟キュロスが反乱を起こす。クセノフォンやメノンが参加する。

紀元前三九九年　ソクラテス七〇歳
プラトン　二八歳
ソクラテス、政治家アニュトスと弁論家リュコンを後ろ盾とするメレトスという若い詩人により、不敬神の罪で告発される。裁判が行なわれ、死刑判決が下される。一月《ひとつき》後の三月に刑死する。

ソクラテスの死後、プラトンはアテナイを逃れ、各地を遍歴した。

紀元前三九三年　プラトン三四歳

この頃、ソクラテスの有罪・死刑という裁判結果を擁護したパンフレット『ソクラテス告発』がポリュクラテスにより書かれる。この後『イオン』『エウテュフロン』『カルミデス』『ソクラテスの弁明』『クリトン』『プロタゴラス』『ゴルギアス』『ラケス』『リュシス』など、数多くの初期作品が執筆されたと考えられる。

紀元前三八七年　プラトン四〇歳

プラトン、南イタリアのタラスでピュタゴラス派のアルキュタスと出会う。その後、シチリア島でシラクサの僭主ディオニュシオス一世の下を訪ね、青年ディオンと出会う。ディオンはプラトンの理解者となり、以後密接な関係がつづく。

その後、アテナイに帰国したプラトンは、ほどなくしてアテナイ郊外アカデメイアの神域に同名の研究教育機関を開設する。プラトンはこの後二〇年ほどアカデメイアでの研究教育に専念する。この頃『メノン』を著す。

以後プラトンは、『パイドン』『饗宴』『ポリテイア（国家）』『パイドロス』『パルメニデス』『テアイテトス』など、主要な作品を発表する。

紀元前三六七年　プラトン六〇歳

アリストテレスが一七歳でアカデメイ

アに入学し、プラトンの弟子となる。シラクサではディオニュシオス一世が死去し、ディオニュシオス二世が即位する。ディオンはディオニュシオス二世の教育のためにプラトンを招聘するが、政争が起こりディオンは国外追放となる。プラトンも一年あまりディオニュシオス二世によって監禁される。シラクサからの帰国後、プラトンはアカデメイアでの研究教育活動を再開し、以後、『ソフィスト』『政治家』『ティマイオス』『ピレボス』『法律』などの後期対話篇を執筆する。

紀元前三六一年 プラトン六六歳

ディオニュシオス二世が再びプラトンを招聘する。プラトンはいったん拒絶するがディオンのために招聘に応じる。しかし関係が悪化し再度監禁される。タラスのアルキュタスの尽力によりようやく解放されて、翌年に帰国する。

紀元前三五七年 プラトン七〇歳

ディオンがシラクサの政権を掌握する。

紀元前三五三年 プラトン七四歳

ディオンが暗殺される。

紀元前三四七年 プラトン八〇歳

プラトン死去。執筆中に死んだとも、婚礼の宴の最中に死んだともいわれる。アカデメイアは甥のスペウシッポスが引き継ぎ、以後、ギリシア世界の学問と哲学の中心として、後五二九年まで存続した。

訳者あとがき

大学二年生の学年末、東大駒場の哲学研究室で、助手の荻野弘之氏に導かれて井上忠先生の研究室を訪ねた。先生の「哲学概論」を受講してはいたが、個人的にお話しするのは初めてで、緊張のほどは今でも記憶に余りある。ギリシア哲学を専門にしたいと言った私に、先生は一言おっしゃった。「プラトンをやるなら、卒論は『パイドン』にしなさい。松永君の訳があるからね」。鶴の一声だった。以来私は、時にこの対話篇に打ち込み、しばらく距離をおいてはまた戻るということをくり返してきた。私は、『パイドン』を通じてプラトンを理解してきた。

松永雄二先生の翻訳と一連の研究論文はその後も私に道を示してくれたが、とりわけ岩波全集の「解説」は、本書について書かれた最良で完璧な文章であり、今でもそれを超えることができると思ってはいない。だが、二〇年前、一〇年前には背中を追っていたその『パイドン』解釈に対して、近年私なりに多少とも異なる視点から読む感触を得て、邦訳が数あるなかで、松永訳に代わる新しい日本語訳を出したいと思うようになった。だが、それは改めて自分の未熟さを痛感する試みであった。年を経ても、何度読んでも、この対話篇をきちんと分かるという実感には程遠い。ただ、細部、文章や言葉の一つ一つに、美しさ、プラトン、そしてソクラテスの息吹をより強く感じるようになった。それが一つの進歩かもしれない。

松永先生には、大学院時代に都立大のゼミでお会いして以来、九州大学文学部では一代おいた後任になり、同じ福岡の地で接する機会を得て、つねに有益な助言と励ましを頂戴した。私にとって松永先生は、哲学者を体現するモデルである。昨年米寿を迎えられた恩師に、恥ずかしながらこの新しい翻訳を献呈したい。

戦後に本格化したギリシア哲学の専門研究は、井上忠、加藤信朗、松永雄二といった世代が挑んだ哲学を、私の世代がどのように受け継ぎ、乗り超えるかが問われている。ここでどのような哲学が生み出されているのか。その判断は、後世に委ねたい。

この対話篇は、慶應義塾大学と東京大学で何年かにわたって講読し、九州大学と新潟大学での集中講義で参加者と議論する機会を得た。また、二〇一六年七月にブラジリアで開催された国際プラトン学会の第一一回プラトン・シンポジウムでは、大会テーマである『パイドン』をめぐって、海外の友人たちと最先端の研究を議論することができた。

本書の出版にあたっては、『ソクラテスの弁明』に引き続き、渡辺邦夫氏と編集長の中町俊伸氏に全面的にお世話になった。また、慶應義塾大学大学院の豊田泰淳君と郷家祐海君、東京大学大学院の西岡千尋君と片田京介君に訳文のチェックを手伝っていただいた。心より御礼申し上げたい。

二〇一九年三月

kobunsha classics
光文社古典新訳文庫

パイドン——魂《たましい》について

著者　プラトン
訳者　納富《のうとみ》信留《のぶる》

2019年5月20日　初版第1刷発行
2025年6月20日　第3刷発行

発行者　三宅貴久
印刷　大日本印刷
製本　大日本印刷

発行所　株式会社光文社
〒112-8011東京都文京区音羽1-16-6
電話　03（5395）8162（編集部）
03（5395）8116（書籍販売部）
03（5395）8125（制作部）
www.kobunsha.com

KOBUNSHA

ISBN978-4-334-75402-0 Printed in Japan

いま、息をしている言葉で、もういちど古典を

長い年月をかけて世界中で読み継がれてきたのが古典です。奥の深い味わいある作品ばかりがそろっており、この「古典の森」に分け入ることは人生のもっとも大きな喜びであることに異論のある人はいないはずです。しかしながら、こんなに豊饒で魅力に満ちた古典を、なぜわたしたちはこれほどまで疎んじてきたのでしょうか。

ひとつには古臭い教養主義からの逃走だったのかもしれません。真面目に文学や思想を論じることは、ある種の権威化であるという思いから、その呪縛から逃れるために、教養そのものを否定しすぎてしまったのではないでしょうか。

いま、時代は大きな転換期を迎えています。まれに見るスピードで歴史が動いていくのを多くの人々が実感していると思います。

こんな時わたしたちを支え、導いてくれるものが古典なのです。「いま、息をしている言葉で」——光文社の古典新訳文庫は、さまよえる現代人の心の奥底まで届くような言葉で、古典を現代に蘇らせることを意図して創刊されました。気取らず、自由に、心の赴くままに、気軽に手に取って楽しめる古典作品を、新訳という光のもとに読者に届けていくこと。それがこの文庫の使命だとわたしたちは考えています。

このシリーズについてのご意見、ご感想、ご要望をハガキ、手紙、メール等で翻訳編集部までお寄せください。今後の企画の参考にさせていただきます。
メール　info@kotensinyaku.jp

光文社古典新訳文庫　好評既刊

メノン——徳《アレテー》について
プラトン／渡辺《わたなべ》邦夫《くにお》●訳

二十歳の青年メノンを老練なソクラテスが挑発する。西洋哲学の豊かな内容をかたちづくる重要な問いを生んだプラトン初期対話篇の傑作。『プロタゴラス』につづく最高の入門書。

プロタゴラス　あるソフィストとの対話
プラトン／中澤《なかざわ》務《つとむ》●訳

若きソクラテスが、百戦錬磨の老獪なソフィスト、プロタゴラスに挑む。ここには通常イメージされる老人のソクラテスはいない。躍動感あふれる新訳で甦るギリシャ哲学の真髄。

饗宴
プラトン／中澤《なかざわ》務《つとむ》●訳

悲劇詩人アガトンの祝勝会に集まったソクラテスほか六人の才人たちが、即席でエロスを賛美する演説を披瀝しあう。プラトン哲学の神髄であるイデア論の思想が論じられる対話篇。

ソクラテスの弁明
プラトン／納富《のうとみ》信留《のぶる》●訳

ソクラテスの裁判とは何だったのか？　ソクラテスの生と死は何だったのか？　その真実を、プラトンは「哲学」として後世に伝え、一人ひとりに、自分のあり方、生き方を問う。

テアイテトス
プラトン／渡辺《わたなべ》邦夫《くにお》●訳

知識とは何かを主題に、知識と知覚について、記憶や判断、推論、真の考えなどについて対話を重ね、若き数学者テアイテトスを「知識の哲学」へと導くプラトン絶頂期の最高傑作。

ゴルギアス
プラトン／中澤《なかざわ》務《つとむ》●訳

人びとを説得し、自分の思いどおりに従わせることができるとされる弁論術に対し、ソクラテスは、ゴルギアスら3人を相手に厳しい言葉で問い詰める。プラトン、怒りの対話篇。

光文社古典新訳文庫　好評既刊

人生の短さについて　他2篇

セネカ／中澤《なかざわ》務《つとむ》◉訳

古代ローマの哲学者セネカの代表作。人生は浪費すれば短いが、過ごし方しだいで長くなると説く表題作ほか2篇を収録。2000年読み継がれてきた、よく生きるための処方箋。

ソクラテスの思い出

クセノフォン／相澤《あいざわ》康隆《やすたか》◉訳

徳、友人、教育、リーダーシップなどについて対話するソクラテスの日々の姿を、自らの見聞に忠実に記した追想録。同世代のプラトンによる対話篇とはひと味違う「師の導き」。

神学・政治論（上）

スピノザ／吉田《よしだ》量彦《かずひこ》◉訳

哲学と神学を分離し、思想・言論・表現の自由を確立しようとするスピノザの政治哲学の独創性と今日的意義を、画期的に読みやすい訳文と豊富な訳注、詳細な解説で読み解く。

神学・政治論（下）

スピノザ／吉田《よしだ》量彦《かずひこ》◉訳

思想・言論・表現の自由は、どのようにして守り抜くことができるのか。宗教と国家、個人の自由について根源的に考察したスピノザの思想こそ、いま読まれるべきである。

オイディプス王

ソポクレス／河合《かわい》祥一郎《しょういちろう》◉訳

先王ライオスを殺したのは誰か。事件の真相が明らかになるにつれ、みずからの出生の秘密を知ることになるオイディプスを、恐るべき運命が襲う。ギリシャ悲劇の最高傑作。

永遠平和のために／啓蒙とは何か　他3編

カント／中山《なかやま》元《げん》◉訳

「啓蒙とは何か」で説くのは、自分の頭で考えることの困難と重要性。「永遠平和のために」では、常備軍の廃止と国家の連合を説く。現実的な問題意識に貫かれた論文集。